자폐증 발달장애 치료의 작은 기적

감각을 깨우는

후각훈련

자폐증 발달장애 치료의 작은 기적

감각을 깨우는 후각훈련

류건 지음

바
람

| 차례 |

3부 과학으로 알아본 후각훈련 효과의 이유

4부 감각왜곡을 해결하는 열쇠, 후각훈련

지은이 서문

후각훈련을 개발한 것은 2007년 겨울이었다. 우리 아이가 후각 훈련으로 크게 달라진 후, 자폐증과 발달장애가 있는 다른 아이들에게도 훈련을 실시했다. 이 '도깨비 방망이'는 마치 잠들어 있던 아이들의 재능을 깨우는 듯 했다. 어떤 아이는 말을 했고, 어떤 아이는 못 걷던 발걸음을 내딛었다. 어떤 아이는 소 닭 보듯 하던 세상으로 들어왔다. 기쁨을 넘어 믿을 수 없는 의아함으로 이어지던 나날들이었다. 하루하루 즐거움에 시간가는 줄 몰랐다.

후각훈련 초기에는 설문지를 만든다거나 통계적으로 효과를 검증하겠다는 생각이 없었다. 주관적으로만 '효과가 굉장히 좋다'고 느끼고 있었다. 시간이 지나면서 후각훈련이 계속 발전하기 위해서는 자료를 축적하는 것이 좋겠다는 생각이 들었다.

2011년부터 후각훈련 사후설문지를 받기 시작했다. 훈련자 중 90% 이상이 설문지를 작성했다. 설문지는 다른 훈련이나 치료와의 상관관계를 최소화하기 위해 훈련이 끝난 1개월 후에 받았다. 후각훈련이 끝나고 1개월 내의 변화이기 때문에 다른 훈련이나 치료 때문인지 후각훈련 때문인지 어느 정도 구분할 수 있었다. 설문지를 취합하여 통계를 내본 결과, 이 책을 쓰는 시점 기준으로 약 81%의 아이들에게 효과가 있었다. 10명 중 8명에게 효과가 있었다는 뜻이다.

솔직히 후각훈련 후에 왜 이런 효과들이 일어나는지 정확하게 알지 못한다. 현대 과학적인 입장에서는 이런 모든 효과는 플라시보일지도 모른다. 그저 효과가 있다고 믿어서 그렇게 됐다는 뜻이다. 그러나 플라시보 효과가 참가한 사람의 80% 이상에게 나타난다는 기록은 없다. 의료계에서 병 치료의 도깨비 방망이로 쓰는 항생제도 요즘은 효과가 30% 이하로 나타날 때가 많다. 플라시보로 보기에는 효과 있는 아이들이 너무 많다.

효과의 크고 작음을 떠나서 10명 중 8명 이상에게 효과 있는 훈련을 그냥 보내기엔 우리가 처한 현실이 녹녹치 않다. 한 단계를 성장시키기 위해 차력사가 기차에 끈을 묶어 입으로 끄는 것 같은 노력을 하는 부모들이 얼마나 많은가? 조금의 발전에 기뻐하고 그 '조금'의 가능성을 발견하기 위해 오늘도 많은 부모들이 엄청나게 노력하고 있다.

그런 의미에서 본다면 플라시보라면 어떤가? 부작용 없이 좋아지면 그만이다. 장기적으로는 검증되어야 하겠지만, 검증은 개선을 위한 검증이어야 한다. 의료적 치료법이 거의 없는 상황에서 "그 딴 게 어디 있어!"라는 식의 검증은 아니어야 한다.

이 책에 나온 정보 중 어떤 것들은 현대과학으로 이해하기 어렵거나 아직 검증하기 어려운 내용들이지만, 후각훈련의 모든 것을 과학으로 설명할 수 없는 것은 아니다. 이미 과학적으로도 후각의 많은 것들이 밝혀졌고 그 치료적 의미도 점차 발견되고 있다. 과학적 설명은 3부에 정리했다.

지금까지 이 훈련에 기적이라는 말을 한 번도 쓰지 않았다. 왜냐하면 이 훈련 하나로 완벽하게 완치된 아이는 없기 때문이다. 하지만, 그동안 모아왔던 엄마, 아빠가 직접 쓴 후각훈련 후기를 다시 정독하면서 기적의 발끝 정도는 될 것 같다는 생각이 든다. 설문지를 받으면서 개인적으로 확실해진 것이 하나 더 있다. 후각훈련은 위험성이 거의 없고 효과적이라는 것이다.

후각훈련으로 어떤 아이들은 엄청 많이 좋아졌고, 어떤 아이들은 조금 좋아졌고, 어떤 아이들은 효과가 없었다. 지금 이 순간, 효과가 없었던 두 명이 아니라 효과가 있었던 여덟 명에게 희망을 두고자 한다. 열 명 모두에게 효과가 나타날 때까지 연구는 계속될 것이다.

이 책은 후각훈련이 어떻게 만들어졌고, 어떤 효과를 가져왔으며, 앞으로 어떻게 발전할 수 있을 것인가에 대한 보고서이다. 많은 사람이 이 훈련에 대해 알고, 같이 한계를 극복하다보면 더 넓은 길이 열릴 것이라 생각한다.

후각훈련은 하늘에서 준 선물이었다. 이 선물로 더 많은 아이들이 세상 밖으로 나오길 기대한다.

1부

후각훈련의 탄생

하늘이 준 선물

우리 아이는 여섯 살이 다 되도록 거의 말을 하지 못했다. 한두 음절로서 의사표현을 하긴 했지만 극도로 제한적인 어휘였다. 여섯 살에 연이은 두 번의 단식이 끝나고 아이는 말이 터졌다. 말 그대로 말이 터졌다. 그냥 쉬지 않고 이야기했다. 문법에 맞든 안 맞든, 발음이 되든 안되든 그냥 내뱉었다. 그 '지껄임'이 아름다운 새가 지저귀는 것처럼 들리던 시절이 있었다. 그 지저귐이 너무 좋아 아이의 '어록'을 만들 때도 있었다. 그때는 그 시절이 그렇게 '짧게' 지나갈 줄 몰랐다. 말을 하기 시작하자 안 보이던 아이의 현실이 보이기 시작했다. 아이는 인지적으로도 사회적으로도 막 말을 시작하는 아이 수준이었던 것이다.

"말 하면 다 될 줄 알죠? 막상 말 해봐요. 혹시 애가 어떤 천재성을 지니고 있는 것이 아닌가 하는 생각이 송두리째 날아가요."

발달장애 부모들을 대상으로 한 강의에서 하는 이런 농담은 내 경험을 함축한 말이었다. 세상에 별의별 방법과 치료법이 있어도 똑똑하게 해주는 치료법은 없었다. 뭔가 찾아야 했다. 단식이나 식이요법 같은 것들은 원래 내가 전문가였다. 그동안 수없는 의학을 배우고 익히고 있었지만, 그것들 중에는 답이 없었다. 누구도 가보지 못한 길로 가야만 찾을 수 있을 것 같았다.

내게 발달장애와 자폐증 아이들은 어디선가 많이 봐오던 존재 같으면서도 다른 존재들이었다. 발달장애 아이들을 만나면서 내 머릿속에서는 데자뷰가 일어났다. 아이들을 보면서 많이 겹친 모습이 중풍이나 파킨슨병을 앓고 있는 할머니, 할아버지들이었다. 발달장애 아이들을 만나기 전에 구당 김남수 선생님께 침뜸을 배웠다. 침뜸 봉사실에서 봉사를 하면서 만난 중풍 환자들이 꽤 많았는데, 아이들은 내가 보기에 축소판 중풍 환자였다.

왼쪽으로 풍이 온 사람과 오른쪽으로 풍이 온 사람은 그 성향이 많이 다르다. 아이들은 성향에 따라 왼쪽이나 오른쪽으로 풍을 맞은 듯한 모습을 많이 보였다. 어떤 아이는 한글은 물론, 영어까지 술술 내뱉으면서 오토바이가 자기 앞으로 달려와도 피하지 않았다. 이런 아이러니를 눈앞에서 보고 있노라면 논리적으로 이해가 되지 않았다. 아이들은 동물의 원시성과 사람의 고등 능력을 동시에 보여주고 있었다.

관찰 속에서 답이 나올 것 같았다. 아이와 함께 동물원에 가면 원숭이를 보느라 시간을 보내고, 오랑우탄은 1시간씩 들여다봤다. 강아지의 행동도 소중한 연구대상이었다. 진짜 답을 찾고 싶었다. 한여름 귀찮게 구는 파리를 쫓다가도 문득 이런 생각이 들었다.

"이것들도 안 죽으려고 피하는데, 왜 파리보다 못한 거야!"

발달장애 치료한다는 사람 치고 뇌 이야기 안 하는 사람이 없었다. 이 사람들은 대부분 대뇌피질의 문제로 설명했다. 파리는 어디에 대뇌피질이 달려있던가? 개미는 어디에 대뇌피질이 있어서 그렇게 협업을 잘하는가? 뇌 속에서 답을 찾으려는 공염불 속에는 별로 쓸 만한 것이 없었다. 언젠가는 과학이 해낼 것이라 믿는다. 하지만, 뇌 과학이 아이들의 치료법에 대해 뭔가를 발견하고 이용할 때쯤에는 우리는 아이의 환갑잔치를 준비해야 할지도 모른다.

뇌 과학이 아니라 뭔가 다른 곳에서 답을 찾아야 했다. 그렇게 물끄러미 아이들을 바라보는 세월이 지속되면서 답답함은 하늘을 뚫고 올라갈 정도였다. 그런 답답함이 하늘을 뚫은 것일까? 어느 날, 실제 사진으로 만들어진 해부학 책을 보고 있었다.

각종 의학공부를 할 때 사 모으던 책들 중 하나였다. 그날 처음 보는 책도 아니고 항상 보던 책이었다. 그걸 보다가 머리를 망치로 맞은 것 같은 경험을 했다. 영화에서 보면 주위가 조용해지면서 카메라가 주인공을 한 바퀴 빙 도는 그런 장면, 바로 그 장면을 겪었다. 내 눈이 멈춰 있던 곳은 우리 인간의 후각신경이었다. 전에도 계속 보던 그림이었는데, 그날따라 클로즈업 되어서 눈에 들어왔다. 그 순간의 전율은 지금도 잊히지 않는다.

"이건 달팽이 더듬이랑 똑같이 생겼잖아!"

사람의 후각신경을 본 순간, 달팽이 더듬이가 떠올랐다. 인터넷을 뒤져 달팽이 사진을 보니까 진짜 똑같았다. 사람 후각신경을 달팽이한테 붙여놔도 모를 만큼 비슷했다. 나비나 벌 등의 곤충 더듬이 사진을 살펴보니 이것마저 비슷하게 생겼다. 달린 곳까지.

"더듬이가 말썽이었구나."

생명체에서 더듬이가 고장났다는 것은 휴대폰이나 텔레비전으로 치면 안테나가 고장난 것과 마찬가지라는 생각에 미쳤다. 이게 고장나면 뭐가 무섭고 뭐가 위험한지 모르는 것은 당연하고 다른 개체나 사람에게 무관심한 것도 당연한 거였다. 정확하게 표현하자면 무관심한 것이 아니라 관심을 가질 수 없는 것이다.

마치 고개를 까딱거리는 인형처럼 "그렇구나" 머리를 끄덕이

며, 온갖 정보를 뒤져보니 후각은 어마어마한 기능과 비밀을 지
니고 있는 감각이었다.

"이걸 고쳐야겠다!"

선택의 여지가 없었다. 무조건 고쳐야 했다.

후각훈련을 개발하다

여기까지는 뭔가 대단한 신화를 발견하고 하늘로부터 엄청난 선물을 받은 것 같은데, 이후가 문제였다. 하늘에서는 망치로 때리기만 했지, 어떻게 치료법을 만들라고는 안 가르쳐주셨기 때문이다.

일취월장을 거듭할 줄 알았던 아이는 발달 정체기가 시작됐다. 여러 가지로 시험해보니 아주 고약한 냄새도 맡지 못하는 것 같았다. 그 당시 우리는 일산 교외에 살고 있었는데, 집으로 오는 길에 돼지농장 근처를 지나쳐야 했다. 한여름에는 굉장히 냄새가 많이 났는데, 아이는 그것을 못 맡는 듯했다. 그렇다고 아예 냄새를 못 맡는 것도 아닌 것 같고 복잡했다. 일단 뭐라도 해야 할 것 같아서 향수를 만드는 기술을 알려주는 조향사 자격과정에 등록했다. 한 번 사준 적도 없고 받아본 적도 없고 뿌려본 적도 없는 향수를 만드는 사람이 되겠다고 덤빈 것이다. 왜 배우러 왔냐는 선생님의 질문에도 딱히 대답할 게 없었다.

"발달장애를 치료하려고 배웁니다."

이렇게 얘기하면 이상한 사람 취급할 것 같기도 하고 장황한 설명이 필요해서 취미삼아 배운다고 했다. 수업도 거의 일대일 수업이었고 평생 가보지 못했던 신세계를 접할 수 있긴 했지만, 배우면 배울수록 회의감이 몰려왔다. 마음은 바쁜데 6개월 이상 수업을 들어야 했다. 조사만 빼고 다 외래어로 도배된 용어는 그렇다 치고, 배운다고 뾰족한 해법이 나올 것 같지 않다는 마음 속 의심이 괴롭히기 시작한 것이다.

하지만, 다른 방법은 없었다. 이거라도 배우지 않으면 뭔가 돌파구를 찾기 어려울 것 같았다. 더 몰아치기로 했다. 하늘이 준 선물을 이대로 버릴 수 없지 않는가! 전문적인 아로마 테라피스트가 되는 과정에도 등록했다. 이렇게 향에 대해 공부하는 동안, 한편으로는 어떻게 훈련 프로그램을 구성해야 할지 고민했다. 공부하고 연구한다고 모아둔 향도 엄청나게 늘어나고 있었다. 훈련의 원칙은 그동안 접한 수많은 의학이론과 개인적 경험으로 결정했다.

"최소한 100개 이상의 향을 경험시키자."

원칙은 있었지만, 이 원칙을 어떻게 구현해야 하는가는 또 다른 문제였다. 처음엔 그냥 생각나는 방법대로 했다. 일단 몇몇 아로마 오일부터 아이에게 경험시켜보기로 했다. 시향지(향의 평가를 위해 쓰는 종이)에 아로마 오일을 뿌리고 아이의 코에 가져다 댔다. 누구나 생각해볼 수 있는 쉬운 방법이었다.

5분도 제자리에 앉아있기 힘들어하는 아이가 그걸 코에 가져다 댄다고 가만히 있을 것이라고 생각한 게 잘못이었다. 손으로 시향지를 치우고, 얼굴을 피하는 것도 모자라, 도망다니는 아이를 잡으러 다니느라 시간을 다 허비했다. 시향지로 향을 경험시키는 것은 시간상으로도 엄청나게 오래 걸렸다. 1시간에 30~40개 정도 이상의 향을 경험시키는 것은 거의 불가능했다.

향이 든 병을 코에 가져다 대는 방법은 최악이었다. 아이가 손으로 그 병을 치는 바람에 병에 있는 것들이 다 쏟아졌다. 그 후에도 많은 향을 경험시키기 위해서는 어떻게 할 것인가에 대한 실험이 답답하게 계속됐다. 시행착오 끝에 30분 정도 시간에 100개 이상의 향을 경험시킬 수 있는 방법은 뿌리는 방법이라고 결론짓게 됐다.

초기에 후각키트를 만들었을 때에는 지금처럼 적절한 농도에 대한 생각과 지식이 없을 때였다. 혹시 모를 부작용을 예방하기 위해 피부에 직접 닿지 않는 방법으로 훈련을 시도해야 했다. 그래서, 얼굴을 가리기 위한 갖가지 방법을 시도했다.

지금 생각하면 실소가 나오는 재료가 방독면이었다. 방독면은 인터넷에서 쉽게 구할 수 있었다. 뭘 씌워놓으면 자꾸 자기가 벗어버려서 방독면을 생각하게 된 것이다. 방독면은 채워놓으면 아이 혼자 벗기는 좀 무리가 있고, 공기가 통하는 부분만 떼어내면 될 것 같았다. 결과적으로 대실패였다. 방독면을 코 부분만 뚫는 것도 어려웠을 뿐 아니라, 처음 생각과 달리 일단 향이 안으로 들어가면 빠져나올 데가 없어서 계속적으로 새로운 향을 접하기 어려웠다. 방독면을 시도해볼 때가 여름이었는데, 5분만 쓰고 있어도 더위에 먼저 죽을 것 같았다. 어찌 생각하면 너무나 당연한 결과였다.

결국 찾아낸 것이 플라스틱 가면이었다. 바늘로 코 부분을 뚫기도 쉬웠고 씌우기도 쉬웠다. 초등학교 아이들이 교재처럼 쓰는 탈춤 가면이었다. 물론 가면 쓰는 것을 무척 싫어하긴 했지만, 그건 어른이 잡고 있으면 될 일이었다. 지금은 가면을 안 쓰고 하는 방법을 개발했지만, 당시에는 그런 탈춤 가면이 있다는 것이 너무 반가웠다.

이런 좌충우돌이 계속되는 동안, 향과 관련된 것은 몽땅 모으는 버릇이 생기고 직접 향기물질을 만드는 작업도 계속되었다.

이사를 해서 실험실을 겸할 수 있는 지하실도 생겼다. 그 방에는 각종 병과 스프레이, 이상한 냄새, 향긋한 냄새, 고약한 냄새까지 진동하게 되었다. 향 물질뿐 아니라 단순히 뿌리는 작업을 하는 데에도 여러 가지 재료들이 필요했다. 적절한 스프레이 병에서부터 향 물질들을 적절한 농도로 만드는 것까지 쉬운 일은 없었다. 그동안 수많은 실험용 물건들이 쓰레기통으로 향했다.

첫 임상시험이 시작되다

후각키트가 최초 설계대로 완성된 것은 2007년 11월 말경이었다. 1년 반 가까이 매달린 결과물이어서 그랬는지, 아니면 결과에 대한 부담감 때문이었는지, 아니면 그냥 연말에 좀 쉬고 싶었는지 모르지만, 나는 아이에게 훈련을 바로 시작하지 않았다. 지금 생각해보면 결과를 전혀 예측할 수 없는 '실패의 두려움'이 있었던 것 같다.

드디어 2008년 1월, 막 여덟 살이 된 아이에게 가슴 떨리는 첫 훈련을 실시했다. 기대가 너무 커서였을까? 아니면 진짜 아무런 효과가 없었던 것일까? 훈련 도중에도, 끝난 이후에도 아이에게는 어떤 반응도 없었다.

'여기다 모든 걸 쏟아 부었는데, 실패한 걸까?'

훈련 후 일주일이 지났다. 여전히 아이에게는 아무 반응도 없었다. 끝도 모르는 산만함도 여전했다. 이젠 기대를 내려놓는 연습이 필요해 보였다.

'멋진 도전이었어. 실패할까봐, 안 할 수도 없었잖아!'

재료를 보관하기 위해 산 커다란 유리장 3개에는 실험용으로 쓰였던 재료들만이 쓸쓸하게 남았다. 문득 이런 생각이 들었다.

'저거 버리는 것도 일이겠네.'

그로부터 며칠이 더 지난 어느 날 밤 9시, 아이가 갑자기 뽀로로 직소 퍼즐을 맞추기 시작했다. 언제나 그렇듯이 아이 엄마와 나는 혼자 맞추지 못하는 아이를 위해 퍼즐 주위에 둘러앉았다. 아이는 그날따라 도와주는 것이 영 못마땅한 것 같았다. 그래서 우리는 잠자리로 물러났다. 아이는 그때까지 1년간 집에서 굴러다니던 달랑 30피스짜리 퍼즐도 혼자 처음부터 끝까지 맞춰본 적이 없었다. 솔직하게 그때를 뒤돌아보면 16피스짜리도 혼자는 못했다. 부모 눈만 높아서 88피스짜리가 굴러다닐 뿐.

갑자기 아이가 엄마 아빠가 같이 맞추고 있던 퍼즐을 방바닥에 쏟았다. 실수로라도 맞췄던 퍼즐이 망가지면 짜증을 바가지로 부리던 아이였기에 너무 이상했다. 우리 부부는 집중력 10초짜리 아이를 정확히 아는지라 '그러다 말겠지'라는 생각으로 이

23

른 잠을 청했다. 그런데, 아이는 11시가 다 되도록 퍼즐 앞에 앉아있었다.

얼핏 보니 제대로 맞추는 것 같지는 않았다. 그만 자자고 불을 끄려고 해도 자기가 끄고 자겠다고 생전 들어보지 못했던 '대견한 소리'까지 했다. 우리는 이내 잠이 들었다. 한참 자고 있는데, 아이가 "이젠 자야겠다"라고 말하며, 불을 끄고 잠자리로 들어왔다. 졸린 눈으로 잠깐 시계를 보니까 새벽 2시였다. 그때는 그 시간이 의미하는 것을 몰랐다.

아침에 일어나보니 눈이 휘둥그레질 만한 일이 벌어져 있었다. 방 한구석에 88피스짜리 퍼즐 2개가 나란히 완벽하게 맞추어져 보란 듯이 놓여 있었기 때문이다. 생각해보니 9시부터 2시까지 딱 한 자리에 앉아서 그걸 맞췄던 것이다. 아이가 그걸 제대로 맞추리라고 상상조차 못했기 때문에 그 놀라움은 엄청난 것이었다. 게다가 장장 다섯 시간 동안 한 자리에 있었다니 말도 안되는 일이었다. 10분 앉혀놓고 무엇인가 하는 것도 꽤나 큰 정성이 필요했기 때문이었다.

그런데 아이는 일어나자마자 다시 그 두 개를 방바닥에 엎어버렸다. 우리는 너무 기쁜 나머지 다 맞춘 퍼즐을 인증 사진이라도 찍어 놓을 셈으로 극구 말렸지만, 아이는 뒤도 안 보고 퍼즐을 엎더니 다시 맞추기 시작했다. 이번엔 2시간만에 다 맞췄다.

다시 엎더니 1시간도 안 걸려서 맞춰버렸다. 아이는 정말 신이나 보였다.

그때는 아이가 하는 행동이 너무 기특하고 갸륵해서 '그 일이 왜 일어났지?' 같은 생각은 떠오르지 않았다. 그저 아이도 자기가 잘하게 됐다는 것을 너무 기뻐한다는 느낌을 받았을 뿐이다. 밥 먹는 것도 잊고 하루 종일 퍼즐을 맞추고 있는 아이를 보고 있으면서 알게 됐다. 이 장면이 고생고생하면서 만든 후각훈련의 성공을 알리는 환영식이라는 것을. 마당으로 나가 하늘을 쳐다봤다. 입에서 저절로 말이 흘러나왔다.

"고맙습니다. 고맙습니다. 고맙습니다!"

놀라운 일이 계속되다

아이의 퍼즐 실력은 날이 갈수록 좋아졌다. 아이도 신났고 어른들도 신났다. 좀 우습긴 했지만, 우리 부부는 어디를 가든 퍼즐 조각들을 들고 다녔다. 친가에 갈 때도, 외가에 갈 때도, 이모네 놀러갈 때도 가져갔다. 우리도 자랑하고 싶었나 보다. 아이가 이런 것도 할 수 있다고 말이다. 1~2분 앉아있기도 힘들어하던 아이가 어떻게 1시간 이상 퍼즐에 집중할 수 있는지 신기하기만 했다. 집안 어른들도 놀라긴 마찬가지였다.

다른 활동을 할 때 앉아있는 시간도 많이 늘어났지만, 퍼즐할 때의 집중력은 대단했다. 보름 정도 지나자 아이는 이제 판퍼즐은 시시해할 정도로 잘했다. 그래서 좀 무리라고 생각하긴 했지만 바로 200피스짜리 디즈니 퍼즐을 샀다. 밑판이 없으니 아무래도 좀 어려웠다. 나는 그때나 지금이나 이런 종류의 퍼즐이 참 힘들다. 이렇게 아기자기하게 앉아서 뭔가 하고 있는 것이 어렵다. 처음 사고 나서 시험 삼아 200피스를 탁자 위에 쏟아놓고 보니 너무 많았다. 이런 생각이 절로 났다.

'이걸 언제 다 맞추지? 나는 못 할 것 같은데.'

맞추다보니 난 여기저기 좀이 쑤셨다. 아이는 그걸 맞춰보겠다고 몇 시간을 앉아있었다. 나는 처음에 같이 하면서 요령을 알려주고 뒤로 빠졌다. 몇 군데에서 힘들어하고 중간에 살짝 쉬기도 했지만, 대여섯 시간이 지나 200피스가 완성된 상태로 탁자 위에 올려져 있었다. 아이도 꽤나 뿌듯한 모양이었다. 보고 있는 나는 이런 능력이 갑자기 어디서 튀어나왔는지 계속 신기할 뿐이었다.

후각훈련을 해야겠다고 마음먹긴 했지만, 후각훈련이 어떤 효과가 있을지는 알지 못했다. 하늘에서 준 선물이라고 굳게 믿고 밀고 나가기는 했지만, 그후에 어떤 일이 일어나는지에 대해서는 별로 상상해보지 않았다. 아이가 보이는 반응 하나하나가 모두 신기했다.

당연히 2차 훈련을 주저할 이유가 없었다. 2차 후각훈련이 끝난 후 신데렐라를 읽어준 적이 있었다. 읽고 난 후 습관처럼 물어봤다.

"신데렐라가 궁전에 뭘 떨어뜨리고 왔어?"

습관처럼 물어봤지만 한 번도 대답을 들은 적이 없던 질문이었다. 질문하면 소 닭 보듯 쳐다보는 게 가끔 하는 유일한 '반응'이었다.

"유리구두요!"

'예상치 못한 답'이 나오자 나는 순간 당황했지만, 다른 질문을 이어갔다.

"마차는 뭐가 바뀐 거야?"

"호박"

"말은?"

"쥐가 바뀐 거야."

그때까지 텔레비전에서 만화를 보든, 책을 읽어주든 내용에 대한 질문에 무언가 대답한 적이 없었다. 정확한 답을 말하지 못했던 것이 아니라 아예 아무런 대답이 없었던 아이였다. 그냥 '넌 해라 난 모른다' 식이었다. 신데렐라에서 시작된 질문은 다른 동화책과 텔레비전 만화에까지 이어졌다. 아이는 뭘 그런 걸 물어보냐는 식으로 대답했다.

그때까지 아이에겐 지독한 난독이 있었다. 글자는 알았지만, 책을 읽어내지 못하는 것을 보면서 책을 흰 종이로 가려봤다. 흰 종이로 윗 문장과 아랫 문장, 좌우의 단어들을 가리면 글자를 읽을 줄 알았고, 흰 종이를 치우면 읽기를 굉장히 힘들어했다.

그런데 이 난독이 70~80% 없어졌다. 이제 문장이 길지 않은 만화책 종류는 수월하게 읽어나갔다. 스스로 책을 읽을 수 있다는 것이 참 믿기지 않는 일이었다. 약간 발음이 안 좋아도 책 읽는 소리를 옆에서 듣고 있노라면 천국이 따로 없었다.

그 당시에 매달 만나는 발달장애 가족들이 10여 가구 있었다. 우리 아이의 변화를 옆에서 지켜본 사람들이다. 너무나도 당연하게 이 가족들은 자기 아이들에게 이 훈련을 시키고 싶어 했다. 상호 신뢰가 있던 사이여서 처음 시도하는 것에 대한 불안감 같은 것들은 없었던 것 같다. 다른 아이들에게 하는 것에 대해 나만 약간 불안했던 것 같다. 다른 아이들에게 후각훈련을 시키자, 그 불안은 환호성으로 바뀌었다. 큰 효과부터 작은 효과까지 편차가 있긴 했지만, 거의 모든 아이들에게 효과가 있었다. 그 당시 부모들이 직접 쓴 후기 몇 개를 소개하면 다음과 같다.

············ 지금 아이가 저에게 눈을 맞추며 웃고 있습니다. 제가 노래를 불러주면 너무나도 좋아하며 예쁘게 웃고 있습니다. 불과 일주일 전까지만 해도 아무리 노래를 불러도 어느 집 개가 짖는지, 전혀 반응이 없었는데, 놀이

터에 가면 흙이나 주워먹고 징징거리기나 하던 아이였는데 지금은 하루가 다릅니다. 저기서 놀고 있는 아이가 정녕 내 딸이던가, 내가 꿈꾸는 것은 아닐까 하는 착각이 들 정도로 너무 적극적으로 재미를 느끼면서 놉니다. 후각훈련, 너무 놀랍군요. 운동능력도 상당히 향상되었고, 무엇보다 사물을 관심 있게 지켜봅니다. 그리고 따라하려는 마음도 생긴 것 같고요. 후각훈련의 수혜자로서 너무나 기쁘고 진심으로 감사드립니다. 이 밤, 오랜만에 편히 잠들 것 같습니다.

‥‥‥‥‥‥ 후각훈련이 끝난 지 일주일이 되어가네요. 훈련이 끝나고 일주일 동안 산책로가 근사한 동네 산을 하루도 빠짐없이 열심히 다녔습니다. 3km 정도 되는 코스를 뛰다가 걷다가 관찰하다 먹으며 즐겁게 가는 모습이 몇 달 전 모습과는 사뭇 달랐습니다. 조금만 힘들어도 업어달라 하고 오르막이 나오면 주저앉고, 엄마의 열정적인 설명에도 무관심한 것이 불과 몇 달 전이었는데, 지금은 산새와 청설모를 발견하면 갈 수 있는 곳까지 소리 지르며 따라가고, 개미를 만나면 엎드려서 관찰하고, 벚꽃에 앉은 벌을 맨주먹으로 사냥하려 하고, 업어달라고도 하지 않네요. 무엇보다 큰 변화는 두 가지인데요. 하나는 씽씽카를 스스로 잡고

몇 미터를 가더라구요. 못 타서 신경 쓰지 않고 겨울 내내 거실 구석에서 이리 치이고 저리 치이던 씽씽카를 시키지도 않았는데 조심스레 타보더군요. 또 하나는 철봉에 매달리기 랍니다. 스스로 매달리는 시간이 1~2초도 힘들었는데 4~5초 정도 힘주는 모습이 신기했답니다. 스스로 해보려는 의지가 생기고 장난이 더 많아졌습니다. 후각훈련을 마치고, 집에 있는 책 중에서 알맞은 책을 구석상자에서 찾아 조심스레 접근시켰지요. 『곰 세 마리』를 두세 번 읽어주고 읽게 했더니 부정확한 발음과 모기만한 목소리지만 읽으려고 애쓰더군요. 저는 이것으로도 기뻤고, 자랑하기 위해서 시댁에 가면서 책을 들고 갔지요. 거기서 할머니, 할아버지, 고모에게 책을 읽어주며 자신감이 생겼어요. 그리고 난 후 노래로 시켜보았어요. 평소 음은 완벽히 알지만 가사 전달은 전혀 안되던 상태였죠. 노래를 얼마나 정확하게 하는지 후각훈련의 위력을 느낍니다.

· · · · · · · · · · · · 설거지를 하고 있는데 아이가 "칙칙이 하고 싶어요" 하며 다가왔습니다. 아이와 재밌게 후각훈련을 하면서 1차 훈련을 할 때가 불현듯 생각납니다. 그때의 조마조마했던 제 마음과 지금의 평온한 마음상태를 비교할

수가 없습니다. 1차 때 과연 아이가 말을 할까? '이걸 하면 말을 할 수 있을까?' 이런 생각으로 불안하고 두려웠습니다. 그런데 지금 아이는 문장도 따라 말하고 간단한 일상생활에 필요한 말을 스스로 합니다. 1차 때 말을 못하던 아이는 이미 제 마음에 지워지고 없습니다.

단 한 사람을 구할 수 있다면

결과는 사람마다 달랐지만, 우리 아이한테만 효과가 있는 게 아니란 것을 알게 됐다. 경우에 따라서는 우리 아이보다 훨씬 큰 효과를 보인 아이도 있었다. 그때 자주 이 말을 중얼거렸다.

"이게 뭔 일이야!"

처음에는 후각훈련을 불특정 다수에게 오픈하는 것을 약간 주저했다. 세상에 발달장애, 자폐증 치료한다는 별의별 대체의학과 돌팔이 의학까지 난무하는 상황에서 나까지 이런 일에 뛰어들 필요가 있을까 하는 회의심도 있었다. 열 명 정도의 아이에게 있었던 일을 다른 모든 사람들에게 확장하는 것도 주저의 한 원인이었다. 그때 큰 지진이 일어났던 곳에 파견되던 구조대가 한 말이 우연히 눈에 들어왔다.

"단 한 사람이라도 더 구하기 위해 최선을 다하겠습니다."

이 말을 신문에서 보는 순간 후각훈련이 '이 역할 정도는 할수 있겠구나'라는 생각이 들었다. 그렇게 2008년 여름 무렵부터 후각훈련을 일반에 공개하기 시작했다. 2010년까지는 후각훈련에 대해 후기 작성 같은 것이 없었다. 사람들을 면담하고 전화로 확인하는 정도였다. 후기가 없으니까 계속 개량을 해나가는 데 자료가 부족했다. 그래서 2011년부터 객관적인 설문지와 주관적인 감상을 적는 설문지를 받기 시작했다. 2부는 부모들이 직접 작성하고 제출한 주관적 후기를 정리한 것이다.

2부

후각훈련의 효과

파란만장한 변화를 경험하다

먼저 부끄러운 고백을 먼저 해야겠다. 아이들의 후각훈련 후기를 정리하면서 제일 먼저 든 생각은 '이 모든 효과가 우리 아이에게 나타났다면 얼마나 좋을까'였다. 다른 아이들이 좋아진 것도 너무나 기쁜 일이었지만, 부러운 효과도 참 많았다. 우리 아이도 놀라울 정도의 많은 효과가 있었지만, 만약 여기 정리한 효과를 다 합쳐놓았으면 진짜 엄청났을 것이라는 일종의 아쉬움이다.

각각 아이들의 후각훈련을 시작할 때 상태가 모두 다르기 때문에 장애 정도가 심한 아이들은 아주 조그만 발전도 눈에 확 띈다. 비교적 경증의 아이들은 잘 관찰해야만 변화를 인지할 수 있기도 하다. 부모의 시선도 '좋아진 정도'에 영향을 미치는 것 같다. 내가 보기에는 엄청 많이 좋아졌는데 엄마는 "안 한 것보다는 괜찮은 것 같아요"라고 말하는 경우가 있는 반면, 내가 보기에는 작은 효과 정도가 있는 것 같은데, 엄마는 세상을 다 가진 것처럼 좋아하는 경우도 있었다.

어떤 경우에 속하든 20일간의 훈련은 굉장히 많은 경험을 선사했다. 먼저 전반적인 개선효과에 대한 이야기를 소개하고, 다음 장부터는 각 부문별로 살펴봤다.

· · · · · · · · · · · · 아이가 보여준 첫 번째 변화는 말을 많이 하게 된 것입니다. 질문 횟수가 늘고, 어휘를 다양하게 구사하기 시작했습니다. 훈련 셋째 날, 농구공 튀기기를 할 수 있었습니다. 이후 참을성이 많이 생겨, 집에서 하는 가정학습 시간을 연장시킬 수 있게 되었습니다. 기억력을 이용할 수 있게 되었습니다. 기억은 하고 있지만 그것을 적당한 시점에서 꺼내는 것이 어려웠으나 조금 더 적절한 순간에 자신의 기억을 이용할 수 있게 되었습니다. 예를 들어, 친구들의 얼굴과 이름을 연계해서 기억하기 시작합니다. 흩어진 정보를 정리하고 있다는 느낌이 듭니다. 책읽기를 조금 더 적극적으로 하게 되었습니다. "내가 읽어볼래요"라며 읽기에 의욕을 가지게 되었습니다. 놀이터에서 노는 것도 무

척 좋아하게 되었으며, 돌아올 때 필요 이상의 집착도 보이지 않고, 상황을 판단하고 결정하게 되었습니다. 집중력이 약해 친구들과의 교류나, 수업시간 참여도 등에 아직 문제를 안고 있습니다만, 가정 내에서 자신의 위치와 존재감을 느끼는 것을 알 수 있습니다. 자기가 해야 하는 몫을 인지하고 잘 따르며, 감정 표현을 잘 합니다. 때때로 '무슨 문제가 있는 아이지?' 하는 의문이 들 정도입니다.

·············· 전반적으로 행동이나 언어 모방이 많이 늘었습니다. 후각훈련을 하는 동안 아이와 눈맞춤을 많이 할 수 있어 좋았고, 그 이후에 정서적으로 교감이 많이 이루어지는 것 같습니다.

·············· 다양한 물건을 만져보려고 합니다. 모양과 색깔을 구분하여 선택합니다. 숫자를 물으면 정확하게 가리키고, 밝고 명랑해졌습니다. "싫어", "아파", "엄마" 등의 말을 했습니다. "토마토, 콩, 오이, 딸기" 등의 말이 입에서 가끔 새어나옵니다. 감정표현이 전보다 분명해졌습니다.

·············· 후각훈련 시작 이틀쯤 후부터 많이 차

분해졌습니다. 문을 여닫는 행동이 많이 줄었으며 말귀를
좀 더 잘 알아듣는 느낌이었습니다. 눈맞춤 시간이 길어졌
으며 걷고 뛰는 동작이 자연스러워졌습니다. 안 가지고 놀
던 장난감을 가지고 와서 역할놀이도 하고, 예전에는 인지
치료 시간에 글자를 많이 휘갈겨 썼는데 지금은 크기도 작
게 또렷하게 씁니다. 동작모방이 늘었고 문장으로 상황에
맞는 말을 하기도 하네요.

・・・・・・・・・・・・ 소리 민감성이 없어졌습니다. 분노, 감
정 변화 등이 많이 좋아지고, 이해력도 좋아진 것 같습니
다. 어린이집에서 아이들과 어울리는 것이 조금 나아진 것
같습니다. 전과 비교해서 매일 울던 것이 없어지고, 산만하
기는 하지만 공격성도 줄어들고 기분은 좋아 보여요. 기다
릴 줄도 알고, 의사소통이 좀 더 잘 되는 것 같습니다. 혼자
놀이를 하지 않았는데, 혼자서 잠깐씩 놀기도 하고, 그림 그
리기도 좀 더 좋아하게 된 것 같아요. 안정감이 더 있어 보
이네요. 매일 하는 후각훈련 후에는 아이가 차분해지는 것
을 느꼈습니다. 집에 놀러오는 소꿉친구와 사이가 좋아지고
배려하는 행동을 더 많이 하고, 다툼이 줄었습니다.

부모는 아이의 작은 발전에도 행복을 느낀다

부모들은 일반적으로 공통적으로 "뭔가 많이 자란 느낌"이라는 말을 많이 썼다. "전체적으로 의젓해졌다"는 표현도 자주 등장한다. 아이가 발전하니 당연히 아이 키우기가 좀 편해졌다는 말을 하게 된다. 발달장애 아이가 세상을 향해 한발씩 나가는 모습을 보는 것만큼 기쁜 일이 있을까!

·············· 아이가 밝아지고 일상생활에서 즐거워하는 모습을 보니 저도 덩달아 행복해집니다. 이렇게 귀엽고 사랑스러운 아이가 내 아이였던가 하는 맘에 감탄이 절로 나오네요, 저녁만 되면 학교가기 싫다고, 유치원 다닐 때는 유치원가기 싫다고 눈물을 흘리던 아이 달래느라 가슴 쓸어내리기가 몇 날이었는데 스스로 "이제 학교가야 돼요" 하는데 신기하기만 합니다. 짧은 시간에 전체적으로 한 단계 올라선 것 같습니다.

·············· 얇은 막 하나가 벗겨져서 아이가 제 곁으로 성큼 다가온 느낌이랄까요? 아이가 더 많이 사랑스럽고 더 많이 기특하고 더 많이 똘똘해진 느낌입니다. 또 다

른 변화를 기다리며 설레는 요즘입니다.

· · · · · · · · · · · · 후각훈련 후, 두 달이 지났습니다. 우리 아이에게 '발전'이 있었다는 게 그저 너무 놀랍습니다. 지난해 어느 부분에서나 변화나 발전도 없이 제자리걸음하며 보냈어요. 그런데 '아, 좀 자라는구나'라고 느껴본 게 지난 두 달 동안이었던 것 같아요. 후각훈련을 종료하고 한 달이 되었군요. 부모 욕심이 끝이 없는 것이 맞는 것 같아요. 처음 "아빠 왔네" 하고 상황에 맞는 말을 했을 때 그 기쁨은 정말 믿어지지 않을 정도였어요. 이제는 제법 대화도 가능하니까 정말 많이 발전했구나 하는 생각입니다.

· · · · · · · · · · · · 후각훈련 후 아이가 저희 부부와 교감하고 있다는 느낌을 더 받게 되었습니다. 또한 훈련을 마치고 지난 한 달 동안 부쩍 성장한 느낌입니다.

· · · · · · · · · · · · 더 또릿해지고 똘똘해졌다는 말을 많이 들었어요. 표정도 더 밝아지고요. 떼도 늘긴 했지만 하루하루 커가는 아이를 지켜보는 게 정말 즐겁습니다.

· · · · · · · · · · · · 아이가 말이 늘어가는 걸 보는 재미도
솔솔 하고 대화가 어느 정도 되니 이처럼 기쁜 일도 없네요.

　　엄마와 아빠들은 이렇게 아이가 달라진 모습을 보면서 기쁘
고 행복했다. 어떤 아빠는 "파란만장한 변화를 경험했다"라고
말하고, 어떤 엄마는 "뭔지는 모르겠지만 아이가 달라졌어요"라
고 말한다. 어떤 아이는 크게 변화했고, 어떤 아이는 '적게' 변화
했다. 하지만, 부모들은 크고 작은 변화에 모두 기뻐했다.

우리 아이가 말을 해요!

갓난아기를 보고 있노라면 눈만 껌벅거려도 예쁘고, 손만 파닥거려도 즐겁고, 우는 소리조차 노래처럼 들린다. 우리는 "까꿍"하는 소리에 "까르르" 넘어가는 그 모습을 보려고 아기 앞에서 아기보다 더 재롱을 떨 때가 있다. 그런 기쁨의 시간은 야속하게 지나간다. 돌이 지나고 두 돌이 지나고 다시 세 돌이 지나는데도 말을 하지 않는 아이를 보고 있노라면 시간이 지날수록 애가 탄다.

일반적으로 부모들이 아이가 '느리다'라고 느낄 때는 대부분 말이 늦을 때이다. 이미 큰아이가 있어서 양육 경험이 있는 사람은 조금 빠르게 알아챌 때도 있지만, 돌까지는 보통 모른다.

43

두 돌 정도가 되었는데도 아이가 말을 하지 않으면 마음이 조급해진다. 세 돌까지 기다리는 사람은 거의 없다. 어떤 아이들은 기다림에 보람도 없이 허무하게 다섯 살, 여섯 살까지 말을 내뱉지 않는다. 후각훈련은 이 아이들에게 다음과 같은 효과를 가져왔다.

· · · · · · · · · · · · 우리 아이는 몇 단어 정도만 말했어요. "물 줘, 쉬야, 안 먹어, 가자" 정도로 말입니다. 훈련 5일째 첫 변화는 유치원에서 친구에게 "같이 놀자"라고 말했다고 선생님이 전해주셨습니다. 8일째 후각 스프레이를 뿌리니까 그걸 만져보고 싶어서 "갖고 싶어요" 하고 요청했습니다. 10일째 아빠가 밖에서 들어오는데 쳐다보며 "아빠 왔어"라고 말했습니다. 전율이 왔습니다. 그리고는 "나가자" "1층 가자"라고 말했어요. 놀러 나가고 싶었나 봐요. 이놈 말하는 것 맞죠? 11일째 화장실에 있는 아빠를 보고 "나와, 바지 입어"라며, 제가 할 일을 미리 알려주더군요.

· · · · · · · · · · · · 아이랑 부딪쳤는데, "엄마, 아야!"라고 말했어요. 다음날, 화장실에 씻으러 들어오라고 말하니까, 들어왔어요. 지금까지 한 번도 제 요구에 바로 반응한 적이

없었거든요. 화장실에서 제가 잔소리를 하니까 "시끄럽다"라고 소리치더군요. 아빠가 퇴근하며 현관문을 들어오자 "아빠 왔다"라고 말했어요. 지금은 "좋아, 좋아, 진짜 좋아" 이런 말 자주합니다. 예전에는 알아듣지 못하는 옹알이 정도였다면 지금은 자음 모음으로 된 발성이 되네요.

· · · · · · · · · · · 자기가 아는 단어만 말하고 알아도 제 질문이나 반응 따윈 생각 안하고 자기 말만 하던 아이가 단어 카드를 보고 "고래"라고 말해서 " 응~!고래지… 고래는 어디서 살지?"라고 물으면 "바다 속에 살아요"라고 말을 해요. 물론 수업에서 배운 것도 있겠지만 요즘은 아는 만큼은 제 말에 대답하려고 합니다. 모르는 상황에선 "이게 뭐야?"라는 질문도 해요. 옹알이 소리가 매우 길어졌고 사람을 쳐다보며 무언가를 한참 설명하기도 합니다(알아들을 수는 없습니다). "엄마, 아빠, 바나나" 등의 말을 따라하기 시작했습니다. 자의적으로 하지는 않지만 억지로 시키면 따라합니다.

· · · · · · · · · · · 훈련 뒤부터는 생각하고 있는 말들을 그때그때 적절하게 짧게나마 표현합니다. 예를 들어, 식당에서 밥 다 먹고 나갈 준비할 때 "엄마 계산해"라고 말하기

도 합니다. 텔레비전 보다가 말 모방을 많이 하거나 응용해서 말합니다. "메기 키우고 싶다. 집에서" 등 하고 싶은 일들을 많이 표현하구요. "슬프다" 등 안하던 감정표현도 자주합니다.

· · · · · · · · · · · 말투가 좀 자연스러워지고 말도 조금씩 길게 합니다. 예를 들자면 "지금 왜 벌서고 있어?"라고 물어보면 "공부하다가 소리 질러서요"라고 대답하고, "옷 왜 벗었어?"라고 물어보면 "손 닦다가 옷이 젖었어요"라고 대답하네요. "엄마가 소리 질러서 깜짝 놀랐어요" 등 말하는 게 좀 자연스러워지네요.

· · · · · · · · · · · 훈련 후 처음으로 의문문을 사용했습니다. 며칠 전부터 처음으로 "이게 뭐야?"하는 말을 사용했는데, 이전에는 궁금한 걸 물어보는 일이 전혀 없었습니다. 억양이 자연스러워졌습니다. 예전에는 늘 끝을 올리고 약간 방방 떠 있는 듯한 목소리였는데, 지금은 제 억양이나 아빠 억양을 흉내 내서 말을 합니다. "~잖아, ~했구나, ~했지" 등 어미 표현이 다양해졌어요. 질문에 대답하는 확률도 아주 늘었습니다. 이제는 거의 다 대답합니다. 엄마가 동생한

테 하는 질문도 대부분 놓치지 않고 동생이 틀리게 대답하면 고쳐줍니다. 여전히 문장의 길이는 짧지만, 조사를 간간히 틀렸었는데 이제는 조사를 틀리지 않습니다.

· · · · · · · · · · · 훈련 후에 어린이집에서 뭐 먹었어? 물으면 "귤", "죽", "밥" 이런 식으로 대답합니다. 얼마 전까지 "뭐 했어?"라고 물으면 못 알아들었는데, 요즘 "어디"와 "무엇"이라는 말을 좀 알아들어서 기쁩니다. "엄마, 핸드폰 하지 말고 리모컨 켜 줘", "엄마 택시 타고 과학관에 가서 물고기 보러가요", "얼른 블루베리 꺼내주세요" 등 이렇게 문법에 딱 맞진 않아도 언어가 확장되었습니다.

· · · · · · · · · · · · 전에는 단어 뒤에 붙이는 조사를 10~20% 정도만 맞게 사용했는데, 이제는 40~50% 이상 맞게 이야기합니다. 말도 좀 더 매끄러워지고 발음도 좀 더 정확해져서 또래와 의사소통도 어느 정도는 되어 놀이에 참여하기도 합니다.

· · · · · · · · · · · · 말은 전부터 늘고 있었는데, 후각훈련을 하면서 더 빠른 속도로 늘었어요. 질문에 답하는 수준

은 여전히 엉뚱한 대답을 하거나 잘 모르겠으면 대화 전환을 해버린다던지, 집중을 잘 못하기도 하는데, 스스로 생각해서 하는 말들은 하루하루가 다르다 싶을 정도로 발전했어요. 상황에 맞고 표현도 다양한 말들을 해요. 사회성도 조금 더 좋아져서 몇 달 전만 해도 놀이터에서 또래에게 말을 걸지도 않았는데, 지금은 완전한 대화를 할 수는 없지만 먼저 말을 걸어요.

・・・・・・・・・・・・ 어떤 요구를 할 때 행동으로 했는데 말로 바뀌었습니다. 상황에 맞지는 않지만 가끔 혼자서 기억 속에 남은 대화들을 반복해서 소리 내어 봅니다. 언어적으로 변화는 좀 더 긴 문장의 표현을 하며 발음이 좋아졌다는 것입니다.

・・・・・・・・・・・・ 저녁에 처음 후각훈련한 후에 다음날 아침 "테레비 틀어 주세요" "테레비 보고 싶어요" 라는 말에 아빠가 "아기도 아닌데 왜 징징거리며 말하나?"고 하니까, 아이가 "네? 아기인 것 같은데"라고 대답했습니다. 제가 "엄마 눈 보고 말해야지" 하니까 저를 보며 "엄마 눈 봐요" 라고 말했습니다. 확실히 언어가 확장된 느낌을 받습니다. 뭔

지 모르겠지만 좀 똑똑해졌습니다. 후각하기 전에는 이 정도 수준은 아니었는데 애가 "후각~~ 뿌리지마, 싫어!" 라고 표현하는 게 신기했습니다.

· · · · · · · · · · · 전에 말 시작할 때 하던 "어어어어" 반복이 거의 없어졌을 정도로 줄었습니다. 표현하는 말은 아직도 제한적이고 말의 속도가 느리긴 하지만 부모와의 의사소통에 불편함이 거의 없어졌습니다. 상황 설명도 자세하고 정확하게 합니다.

· · · · · · · · · · · 다양한 분야는 아니지만 문장 연결이 되기 시작했습니다. 언어가 확장되고 협상을 하기 시작했어요. 양치하기 싫으면 전에는 양치하기 싫다고만 표현했는데 지금은 "자동차놀이 10번하고 양치할래요"라며 귀여운 짓을 하네요.

· · · · · · · · · · · 전반적으로 수용언어가 좋아졌습니다. 표현언어도 다양해지고 자연스러워졌습니다. "예쁘다", "배부르다"와 같은 형용사를 사용하기 시작합니다.

············· 지시도 즉각 따라하고 요즘은 말을 따라 하기 시작했어요. 단어가 나오는 것은 아니지만 한 자 한 자 따라 합니다. 발음이 정확한 것은 아니지만 그래도 하려고 합니다.

············· 태권도를 배우면서 크게 말하거나 소리 지르지 않았지만 큰 소리로 인사하는 것도 훈련 이후에 나타난 변화예요.

부모들은 일반적으로 "눈치가 늘었다"라는 말을 많이 했다. 즉, 말귀를 좀 알아먹게 되었다는 뜻이다. "예전에는 열 번 이상 소리쳐야 가능했던 지시어들이 한두 번으로 된다"라는 표현은 이런 현상을 잘 나타내준다. 옹알이 수준의 발성이 되던 아이들은 옹알이가 늘고, 원래 말을 했던 아이들은 말이 늘었다. 발음이 좋아지는 것도 일반적이고, 어떤 아이들은 "쉼 없이 떠들게" 됐다. 말을 따라 하기 시작하고, 모르면 단어의 뜻을 물어보기 시작했다는 것은 일반적인 언어발달 궤도로 들어섰다는 뜻이기도 하다. 원래 아이들은 처음에는 말을 따라 하고, 조금 자라면 모르는 단어를 물어보면서 어휘를 늘리기 때문이다.

갑자기 애가
왜 이렇게 된 거지?

"눈이 초롱초롱해졌어요."

"아이가 굉장히 밝아졌어요."

"웃음이 많아졌어요."

주위 사람들은 아이의 변화에 대해 자세하지는 않지만, 이렇게 말했다. 아이가 바뀌면 제일 먼저 그것을 알아채는 사람은 당연히 엄마와 아빠지만 주위 사람들도 알아차린다. 특히 발달장애 치료에 종사하는 사람이거나, 매일 아이를 보는 어린이집 선생님들은 아이의 변화에 민감하다. 흔한 말로 '촉'이 발달되어 있기 때문에 작은 변화도 쉽게 알아차린다. 어린이집이나 유치원, 특수치료 선생님보다 아이들의 반응을 더 잘 알아차리는 사람은 아마도 할머니와 할아버지일 것이다. 조카를 좋아하는 이모와 고모들도 아이들의 변화에 민감하다. 다음은 후각훈련으로 바뀐 아이들의 주위 반응이다.

· · · · · · · · · · · "후각 그거 더 하면 안되나요?" 저희 아이를 16개월부터 봐오시고 아이가 다르다는 것을 먼저 발견해 알려주고 늘 살뜰히 챙겨주며 치료 여정에 같이 해주시는 어린이집 원장님께서 제게 해주신 말이십니다. 일대일 착석은 괜찮은 아이였으나 단체 수업에서 착석이 늘 힘든 아이였어요. 치료사 선생님들이나 어린이집 선생님들이나 하나같이 단체 착석이 좋아졌다고 합니다.

· · · · · · · · · · · · 3개월 만에 다시 만난 어린이집 선생님이 많이 좋아졌다고 합니다. 수업 중 자리에서 일어나는 경우가 있었는데 그런 행동이 없어졌고, 영어시간에 해야 하는 활동을 전혀 하지 못했는데 선생님 설명을 듣고 따라 쓰거나 활동을 한다고 합니다. 친구들을 쳐다보고 모방하는 것도 늘었다고 합니다. 2주 만에 만난 작업치료 선생님이 하는 게 늘었다고 합니다. 지시에 따라 수행하는 것이나 눈치껏 따라 하는 것이 달라졌다고 합니다.

· · · · · · · · · · · · 처음으로 한 개씩이지만 줄넘기를 하게 되었습니다. 1년 반 넘게 실내체육을 하면서 선생님이 거의 매시간 5분 정도 시키셨는데 여태 안되더니 갑자기 하기 시작했고, 선생님도 감을 잡은 것 같다며 집에서 따로 연습시켰냐고 물었습니다. 시작이라 한 개씩이고 앞으로 잘할 수 있을 것 같다고 했습니다.

· · · · · · · · · · · · 전반적으로 발음이 꾸준히 아주 조금씩 늘어나고는 있어서 인지치료사 선생님이 한번은 수업하시는 내용을 녹음하셔서 들려주기도 하셨습니다. "똑같아요"라는 4음절의 말도 아주 천천히 따라하는 것이 들렸습니다.

· · · · · · · · · · · · 어린이집에서 또래집단과의 상호작용이 좋아졌다고 합니다. 자기반 친구, 자기반 선생님을 확실히 안다고 하네요.

· · · · · · · · · · · · 원래 아무것도 인지가 안되고 지시 수행이나 모방 등이 전혀 안되는 천방지축 아이였는데 최근 눈맞춤이 잘 되고 눈맞추는 시간도 길어졌다고들 합니다. 뭔지 모르게 똘똘해진 느낌이고 선생님들도 최근 지시 따르

53

기와 모방이 길진 않지만 조금은 된다고 합니다.

어린이집이나 특수교육 선생님에게 후각훈련을 하고 있다고 알리는 경우도 있고, 아무런 이야기를 하지 않는 경우도 있다. 미리 알렸든 안 알렸든 선생님들은 아이가 지시를 잘 따르고, 잘 앉아 있고, 다른 아이들과 어울리는 아이의 모습을 모를 수가 없다. 선생님에게 후각훈련을 한다고 알리지 않았던 한 엄마는 이런 일화를 전했다.

·············· 일 년째 하고 있는 치료놀이수업이 있는데, 지난주에는 선생님이 이러는 거예요. "지금까지 계속 조금씩 발전해오고 있긴 했지만, 요즘 같은 속도로 좋아지면 금방 종결할 날이 오겠어요. 오늘 아이 반응이 우연이 아니라 일정기간 이런 반응이 지속되면 치료놀이적 목표는 다 달성된 거니깐 종결해도 됩니다. 놀이 중 상대방을 대하는 태도나 반응, 미소, 수용, 표현, 집중 모든 면에서 너무나 적절한 여섯 살 같았어요." 늘 이 선생님이 하는 이야기는 '한계가 있겠지만 열심히 해 보죠'라는 태도였는데, 그날은 선생님도 좀 놀란 것 같았어요. '갑자기 애가 왜 이렇게 된 거지?' 이런 표정이었습니다.

자전거를 탄다고
떼쓰는 것이 너무 즐거워요

후각훈련 후기 중 가장 일반적인 내용은 운동능력이 좋아졌다
는 것이다. 내 생각에는 이 방면으로 효과가 더 좋기보다는 아무
래도 언어적인 부분과 더불어 가장 눈에 잘 띄기 때문인 것 같
다. 후각훈련 초기에는 운동능력이 좋아진 것이 '후각훈련 때문
일까?'라는 의문도 있었다. 왜 후각훈련을 했는데 운동성이 좋
아졌는지 이해하기 어려웠던 면도 있었고, 효과가 컸기 때문에
믿기 어려웠던 면도 있었다.

　그중 한 사례는 후각훈련을 단 1회밖에 하지 않았는데, 다음
날 걷게 된 아이의 이야기이다. 이 아이는 정신적인 발달뿐 아니
라, 신체적인 발달도 아주 느린 아이였다. 34개월이었는데 아직

걷지 못했다. 근육의 힘도 떨어져 있었고, 혼자 일어설 수 있는 아이도 아니었다. 일으켜 세워놓으면 겨우 뭔가를 붙잡고 잠깐 서 있을 수 있는 아이였다.

후각훈련 초기에는 훈련의 첫 세션은 내가 직접 했다. 아이의 상태도 봐야 했고, 훈련 반응도 살펴야 했기 때문이다. 지금은 어느 정도 반응에 대해 일반화된 훈련방법이 적립됐기 때문에 택배로 후각키트를 보내기도 하지만, 그때는 모든 아이들을 직접 체크하고 싶은 생각도 많았다. 당시에는 후각훈련을 하고자 하는 사람들은 긴 상담과 함께 첫 훈련을 하고 후각키트를 집으로 가져가서 나머지 세션을 진행했다.

이 걷지 못하던 아이에게 첫 세션을 마치고 다음날부터 집에서 세션을 시작하라고 일러준 후 집으로 보냈다. 며칠 지나서 통화를 하게 됐는데, 아이가 첫 세션 다음날부터 걷는다는 것이었다. "뒤뚱거리지만 지금도 걷고 있다"라고 말하며 이것이 후각훈련 때문이냐고 물었다. 지금 같으면 당연히 "그렇다"라고 대답했겠지만, 그때는 나도 의심스러웠다.

최소한 일주일이라도 훈련했으면 몰라도 예수님 기적도 아니고 어떻게 한 번 세션으로 그런 일이 있을까 하는 '합리적인' 의심이었다. 지금 생각해보면 이걸 '내가 했다'고 생각했기 때문에 의심한 것이다. 기적은 모두 '하늘의 뜻'이라는 것을 그때는 잘 몰랐다. 그후 계속 일어난 다음과 같은 일들은 이런 의심이 쓸데 없었다는 것을 확인시켜줬다.

· · · · · · · · · · · · 몇 달 전부터 집에 있던 씽씽카를, 쳐다 보지도 않아서 몇 번이고 시켜보려고 했지만 안 타던 씽씽 카를 후각훈련이 끝나자마자 집요하고 끈기 있게 3시간이나 끌고 다니면서 잘 타는 거예요. 너무 신기했어요. 2차 훈련 이 끝나고는 세발자전거는 엄청 잘 타고, 16인치 자전거도 잘 타게 됐어요. 그전에는 자전거에 억지로 태우는 것도 불 가능했거든요. 집안에서는 씽씽카를 엄청 타고, 밖에 나가 면 자전거를 탄다고 떼쓰는 것이 너무 즐거워요.

· · · · · · · · · · · · 이전에는 어린이용 농구공 주고받기를 어설프게 할 수 있는 수준이었는데, 현재는 캐치볼 도사가 되었습니다. 야구공 던지고 받기도 정말 잘합니다. 폼이 수 준급입니다. 연속 점프를 못했는데 최근에는 콩콩 뛰며 노 는 것을 정말 좋아합니다.

· · · · · · · · · · · · 손으로 하는 작업에 흥미가 많이 늘었 습니다. 레고같은 정교한 작업도 생각보다 잘하고 전에 못

뜯던 스카치테이프도 뜯고 손힘이 전보다 세진 느낌입니다. 주말에 가족끼리 아이 걸음으로 2시간 정도 걸리는 작은 등산로를 종종 다닙니다. 전에는 내려올 때 마지막 20분 전부터 항상 힘들다고 업어달라고 했는데, 후각훈련 2주째부터는 혼자 씩씩하게 걸어 내려옵니다. 가끔 힘들다는 말을 하지만 떼를 쓰지는 않습니다.

· · · · · · · · · · · · 후각훈련 직후 세발자전거 타는 것을 시도해보았습니다. 후각훈련 종료 다음날 아이가 자전거를 끌고 나가려고 해서 아빠가 같이 데리고 나갔는데, 작년에 타보고 겨울엔 추워서 안타다가 처음 타 본거라 작년하고 상황이 비슷할 줄 알았는데 그게 아니었습니다. 작년에는 바퀴에 발을 잘 올리지도 못했고 올려놔줘도 놓쳐서 발을 땅에 질질 끌고 다녔었습니다. 그런데 이번에는 바퀴에 발을 몇 번 올려주었더니 알아서 바퀴에 발 올려놓고 돌리기 시작해서 한참 돌려서 동네 한 바퀴 돌았다고 합니다. 핸들도 잘 잡고 뒤에서 밀어주지 않아도 바퀴 돌려서 앞으로 나가고 그러네요.

· · · · · · · · · · · · 전보다 겁이 없어지고 신체활동이 활발

해졌습니다. 후각훈련 2주 후부터 못 타던 어린이 놀이기구
(바이킹, 바나나 점프 등)를 혼자서도 잘 타기 시작했습니다. 놀
이터에서도 전에 못타던 놀이기구를 타기 시작했습니다. 높
은 곳에 올라가서 미끄럼틀도 타고, 징검다리도 넘어갔습니
다. 몸 동작도 좀 더 커진 느낌입니다.

· · · · · · · · · · · 운동능력이 좋아진 부분이 많아요. 팔
이 조금 굽혀져 있었는데 쫙 펴서 만세를 하고, 걸을 때는
교차패턴도 나오구요. 스스로 단추를 채워 보려고도 하고
지퍼는 이제 혼자서 끼워서 올릴 수 있어요. 숟가락질도 좀
더 좋아져서 음식을 덜 흘려요.

· · · · · · · · · · · 동작이 빨라졌어요. 옷 입고 벗기, 날
아오는 공 피하기, 공 받다가 떨어뜨리면 잽싸게 가서 주워
옵니다. 줄넘기 연속 넘기가 잘 안되어 항상 하나 넘고 다
시 또 하나 넘고 했었는데, 훈련 후 한 달 뒤부터는 연속 넘
기가 가능해졌어요. 지금은 연속 넘기 20개 정도 가뿐히 합
니다. 신체적인 감각이 많이 살아난 듯해요. 그네타기, 줄넘
기, 수영, 순발력, 그리고 생활하는 데 있어서 필요한 여러
가지 움직임 등이 많이 좋아졌어요.

아이들은 동작이 빨라지고 무서워서 올라가지 않던 미끄럼틀에 올라가서 내려오는 것을 즐기는 아이가 됐다. 자전거 페달을 못 밟던 아이들이 자전거 페달을 밟기 시작하고 방향전환 개념이 없던 아이들이 자유롭게 방향전환을 하게 됐다. 딱딱하던 몸 움직임도 부드러워졌다. 손을 잡아야만 계단을 오르던 아이들이 두 발 모아뛰기를 하면서 계단을 내려오고, 혼자 걷는 시간이 늘어났다. 철봉에 매달리는 시간이 길어지고, 구름사다리는 위에서도 놀고 아래에서도 놀기 시작했다. 운동성이 좋아짐에 따라 이에 수반하는 다른 활동들도 좋아지는 것은 당연한 일이었다.

동생이랑 장난치며 놀아서 정말 기뻐요

아이들은 후각훈련 후에 조금 더 사랑스러워졌다. 없던 애교가 생기면 원래 예쁘던 아이들이 더 예뻐 보인다. 아이들은 관심 없었던 장난감에 관심을 보이고, 원래부터 있었던 주위 사물도 꼭 처음 본 것처럼 눈길을 줬다. 명랑해지고, 소 닭 보듯 하던 엄마를 찾으러 다니고 아빠와 친해졌다. 아래 엄마의 말처럼 집에서 키우는 강아지한테도 관심을 보였다.

"처음으로 혼자 쪼그려 앉아 강아지의 얼굴을 쓰다듬었습니다."

아빠들은 아무래도 아이와 지내는 시간이 엄마보다 적은 경우가 많고, 양육기술도 떨어지기 때문에 아이가 직접 다가오지 않으면 더 친해지기 어렵다. 발달장애 아이들 중 몇몇은 아빠에게 아무런 양육문제가 없음에도 불구하고 아빠를 싫어하는 경우도 있다. 자폐 아이들은 매일 마주하는 엄마에게도 '애정 없이' 행동할 때가 많아서 엄마 속을 상하게 할 때가 종종 있다. 한 엄마는 이런 상황변화를 덤덤하게 이렇게 표현했다.

"훈련 후에 제가 엄마인지 정확히 아는 듯해요."

이런 아이들이 다가올 때 느낌은 어떨까? 후각훈련으로 아이들은 이렇게 변했다.

·············· 예전엔 안중에도 없었는데 엄마, 아빠를 많이 챙기네요. 아직 친구들은 투명인간 취급을 많이 하지만 그래도 사회성이 예전보다 좋아졌어요. 얼마 전에는 제가 그네에 앉아 있으니 처음으로 그네를 밀어줬네요.

·············· 저와의 관계가 더 돈독해지고 좋아진 것 같고요. 다른 사람에게 전혀 관심이 없는 것이 문제였는데, 그래도 부모에게는 먼저 관심을 갖고 장난치는 일이 조금 생겼습니다.

·············· 아빠를 너무 싫어하고, 만지는 것도 싫

어했는데, 아빠한테 안기고 매달리기도 합니다.

· · · · · · · · · · · · 전반적으로 좀 더 명랑해지고 애교가 늘어났습니다. 특히 아빠와의 상호작용과 애착이 늘어났습니다.

· · · · · · · · · · · · 엄마, 아빠와 같이 있는 걸 좋아하고 혼자 있는 것을 싫어하는 것 같습니다.

· · · · · · · · · · · · 엄마가 하는 말을 좀 더 편안한 기분으로 잘 받아들입니다. 형하고도 사이가 좋아지고 아빠에 대해서도 관심을 보였습니다.

· · · · · · · · · · · · 안기는 것은 예전부터 잘했는데 더욱 꼭 붙어 있으려고 하구요, 후각훈련 후에 엄마가 잠시만 안 보여도 엄마를 찾아요,

엄마가 안 보이면 찾는 것이 당연한 것인데, 우리는 이렇게 '당연함'에 목마르다. 부모들이 제일 좋아하는 장면은 형제들끼리 친하게 지내고 재미있게 노는 장면일 것이다. 발달장애가 동생한

테 있다면 언니나 형이 놀아줄 수라도 있지만, 반대인 경우에는 동생에게 관심 없는 아이의 모습을 보면서도 한숨이 나온다. 후각훈련 후에 형제들 사이는 이렇게 변했다.

·············· 동생과 가끔 짧은 대화를 하고 함께 놀이하며 웃고 장난칩니다. 전반적으로 장난기가 더 많아지고 뭔가 더 자연스러워졌습니다.

·············· 동생하고도 기초적인 상호작용에 관심을 갖고 서로 반응을 주고받을 줄 알게 되었습니다.

·············· 전에는 동생 옆에도 가지 않고 동생이 다가가면 소리 지르며 도망갔었어요. 이젠 동생한테 관심을 보이곤 합니다.

·············· 언니와 경쟁적으로 무엇인가를 하려는 경향이 조금씩 보이기 시작했습니다. 문 밖을 나갈 때, 양말을 찾아 신을 때, 아침에 일어나 쉬를 하고 세수하러 들어갈 때, 밖에 나가 달리기를 할 때 등 언니보다 먼저 하려고 더 빨리 하려고 합니다.

·············· 동생을 본 척 만 척 했었는데 산책 나가서 동생 손을 꼭 잡고 다녔습니다.

············· 동생에게 관심을 보이는 같습니다. 동생을 계속 때리고 밀치는 등 괴롭히는 행동을 보여주는데 질투의 표현인 것도 같습니다.

············· 전에는 세 살짜리 동생이 말을 걸어도 별 반응이 없었는데, 관심도 늘고 자기가 먼저 동생이 싫어하는 짓을 합니다. 손을 슬그머니 잡는다거나, 팔을 꽉 쥐는 행동을 하여 동생이 싫어하는 반응에 재미를 느끼는 것 같습니다.

동생 괴롭히는 모습조차도 우리에게는 '좋은 일'로 보일 때가 있다. 이렇게나마 아무런 관심을 주지 않던 동생에게 관심을 주는 행동이 고맙게 느껴지기도 한다. 훈련 후에 아이들은 가족에 이어 친구들과 주위 사람들에게 관심의 영역이 넓어졌다. 어떤 엄마는 그런 상황을 이렇게 표현했다.

"다른 사람에 대한 주의력이 좋아진 것 같습니다."

놀이터에서 친구를 밀치기도 하고, 같은 유치원에 다니는 친구집에 놀러가고 싶다고 말하기도 하고, "치료실 선생님이 아는 척을 하지 않자 먼저 아는 척을 하기"도 했다. 심부름을 잘 하는 아이로 바뀌고, 사람들 품에 안기려는 행동을 했다. 더 사랑스러워진 것이다. 어떤 아이는 많은 발달장애 부모들이 바라는 이런 아이가 되기도 했다.

"유치원에 엄마가 안 따라 가도 되고, 통학버스 타고 혼자 다녀요. 아이들과도 잘 어울려서 놀고, 동생과는 소꿉친구가 되어 있어요."

똑똑해지고 차분해졌어요

"똑똑하다"거나 "차분하다"라는 표현은 생각보다 주관적이다. 얼마만큼이 똑똑한 것이고, 얼마만큼이 차분한 것인지 저마다의 기준은 다르다. 하지만, 발달장애 아이들을 키우는 부모들이 이야기하는 '차분함'과 '똑똑함'은 주관적인 것이 아니다. 이것은 종종 생존과 관련되어 있다. 소리 지르고, 뛰어다니고, 아무데나 막 올라가고, 차도로 뛰어드는 상황을 겪어보지 않으면 '차분해지는 것'과 '위험을 아는 똑똑함'이 왜 생존에 필요한 능력인지 쉽게 이해하기 어렵다. 추가적으로 발달장애 가족들에게 아이가 차분해지면서 생기는 큰 즐거움이 하나 있다.

"드디어 아이와 함께 식당에 다녀왔습니다."

막 뛰어다니고, 소리 지르고, 아무 데서도 오줌 싸는 아이를 데리고 사람 여럿이 모이는 곳에 가기는 힘들다. 특히 조용한 식사 예절이 필요한 식당은 아예 꿈도 꿀 수 없다. 엄청 특별하고 유명한 곳에 다녀오는 외식이 아니라, 보리밥집처럼 흔한 식당에 가는 것조차 다른 사람에게는 일상생활이지만 몇몇 발달장애 가족들에게는 특별한 일이 되기도 한다. 차분해지는 효과는 가족들을 그런 일상에 복귀시켰다.

·············· 설득할 수 있는 상황들이 많아졌어요. 어떤 일을 하고 있을 때, 중단하고 다른 일을 하게 하는 게 많이 힘들었는데, 지금은 한 5분 전만 말을 해주면 중단하는 상황이 생겨도 떼를 쓰는 경우가 현저히 줄었어요. 하고 싶은 일을 제지했을 때도 많이 흥분하지 않고 이해하고 넘어갈 수도 있구요. 좀 더 차분하고 의젓해졌어요. 집중력도 더 생기고 관찰력도 좋아진 것 같구요.

············· 고집을 부릴 때 하면 안되는 이유에 대해서 설명하면 이해하는 정도가 늘어서 협상이 잘 됩니다. 없는 것을 고집부리며 달라고 하지 않고 눈으로 확인하지 않아도 없다고 하면 곧 수긍해서 떼쓰는 게 많이 줄었습니

다. 한글에 관심이 생겨서 스스로 책을 읽으려고 할 때도 있습니다.

・・・・・・・・・・・・ 말도 늘고 행동도 많이 좋아지고 고집 부리는 것도 잘 설명해주면 수긍하는 정도가 늘었습니다. 엄마한테 혼나면 정말 슬퍼서 우는 것처럼 보였고 위로를 해주었더니 받아들이는 것도 느낄 수 있었습니다. 그림의 패턴에 내용이 조금 더 확장됐고, 점차 내용을 이해하면서 비디오나 TV를 보는 듯하고, 의사소통이 점차 늘면서 욕구 해결이 많이 되어서 그런지 짜증도 많이 줄고 있습니다.

・・・・・・・・・・・・ 전체적으로 확 달라진 점은 없지만 아이가 많이 편안해보이고 제 말을 예전보다 더 잘 알아듣는 다는 느낌이 듭니다. 고집이 상당히 센 아이인데 그 점도 많이 완화가 되었습니다.

・・・・・・・・・・・・ 큰 변화는 감정 통제가 훨씬 잘 된다는 점이네요. 이전에는 말도 안되는 이유들로 짜증을 내며 징징대는 일이 하루에 한 번 이상 있었는데 이제는 그런 일이 별로 없고 있더라도 짧게 지나갑니다.

· · · · · · · · · · · 참는 힘이 늘고 정서적으로 안정되었습니다. 떼쓰는 것이 줄어들었습니다.

· · · · · · · · · · · 화내고, 짜증내는 횟수가 줄었고, 지속 시간도 짧아졌습니다.

아이들은 잘 알아듣게 되고, 자기의 요구사항을 표현할 수 있게 되면서 가지고 노는 장난감의 종류부터 달라지기 시작했다. 집에만 있으려던 아이들이 밖에서만 노는 아이로 바뀌는 것은 종종 엄마, 아빠를 지치게 했지만, 그래도 신체놀이를 하지 않던 아이들과 몸을 부대껴가면서 노는 것은 즐거운 일상이 됐다. 노는 방법도 바뀌고 시간도 바뀌었다. 주의집중이 늘어난 만큼 앉아있는 시간도 길어지고, 그만큼 학습 집중도도 높아졌다.

· · · · · · · · · · · 그렇게 가르쳐도 안되던 그네를 혼자 타게 되었습니다. 밀어달라고는 하는데 "이제 혼자탈 수 있잖아"라고 얘기하자, 발을 혼자 구르며 잘 타네요. 더욱더 좋아진 건 예전에는 그네를 한번 타기 시작하면 한 시간, 두 시간, 세 시간씩 탔어요. 내리라고 말하고 집에 가자고 달래기 전에는 자기가 먼저 그만 탄다고 말한 적이 없었는데, 혼

자 타기 시작하면서부터 30분 정도 타면 놀이터의 다른 기구들을 이용합니다. 미끄럼도 타고 시소도 탑니다. 놀이가 좀 전환된 듯합니다.

· · · · · · · · · · · 장난감 기찻길을 구성하는 데 예전보다 조금 더 다양하게 구성하는 느낌을 받습니다. 기억력도 조금 더 높아지는 것 같습니다. 어려운 퍼즐을 맞추는 시간이 점점 줄어들고 있습니다.

· · · · · · · · · · · 공 주고받기 놀이를 하면 5분 이내로 하고 말았는데, 이제는 공놀이를 하는 시간이 10분 이상으로 늘었고 자발적으로 공을 들고 와서 손 끌기를 해 공놀이를 하자고 합니다. 집중력이 향상된 것 같습니다.

· · · · · · · · · · · 장난도 많이 늘었어요. 저를 툭 치고 도망가면서 웃기도 하고요. 저를 뒤에서 떠밀듯이 자꾸 미는 거예요. 왜 그런지 이해가 안되었었는데 알고 보니 뛰라는 거였더라고요. 제가 뛰면 자기가 깔깔거리면서 절 잡으려고 막 달려요. 같이 놀자는 것이 분명해졌지요.

·············· 장난감 정리하던 장소를 임의로 자기가 바꿉니다. 높은 곳의 다른 장소에 자신의 장난감을 가져다 옮겨 놓기도 합니다. 일종의 자기 공간을 만들려고 하는 것 같습니다.

·············· 공부할 때, 블록 맞추기 등 끈기를 요하는 일을 할 때, 시간을 필요로 하는 심부름을 할 때 등에 집중력과 끈기가 많이 향상되었습니다. 전에는 중간에 짜증을 많이 냈는데 후각훈련 후부터는 스트레스를 적게 받는 것 같습니다.

·············· 무엇을 가르치면 받아들이는 속도가 빨라졌습니다. 책을 읽으면 내용 파악이 전혀 되지 않았는데 이제 약간씩 문장이 머리에 들어가는 것 같습니다.

·············· 운동능력, 모방능력, 집중력, 끈기 등 모든 면에서 약간씩 향상된 느낌이고 특히 집중력이 높아졌습니다. 예를 들어 전에는 텔레비전에도 관심이 없이 자주 딴 곳을 쳐다보곤 했는데 요즘은 프로그램에 관심을 갖고 상당히 집중해서 봅니다.

· · · · · · · · · · · · 컴퓨터 메모장에 의미 없는 숫자만 적던 버릇이 있었는데 내 휴대폰 번호를 타이프하고 전화번호라고 말합니다. 그림카드에서 본 글자는 다른 데서 봐도 알고 소리 내어 읽으면서 아는 체를 합니다. 글씨를 읽으면서도 그 의미를 알고 읽습니다.

· · · · · · · · · · · · 가위 바위 보를 이해 못했었는데 완전히 이해하고 제대로 합니다.

· · · · · · · · · · · · 퍼즐 맞출 때 두세 개 하다가 짜증내고 화내느라 끝까지 하지 못했는데, 훈련 후에 짜증내지 않고 이리저리 생각해보며 끝까지 해내는 것을 보고 너무 좋았습니다.

· · · · · · · · · · · · 수학이나 국어 등의 문제를 읽고 답 쓰기가 가능해졌습니다. 예전에는 문제를 읽고도 독해가 전혀 안되는 아이였는데 이제 조금씩 자기가 답을 씁니다.

· · · · · · · · · · · · 이해력이 좋아졌어요. 수학 덧셈을 공부하는 데 수월하게 척척 답을 쓰네요.

아이한테
자발성이 생겼어요

어떤 엄마는 전반적인 효과가 나는 원인을 이렇게 분석했다.

"전보다 자신감이 더 생겨서 목소리도 분명해지고 어떤 일을 대할 때 전보다 적극적으로 변했어요. 이 변화가 다른 부분들의 발전의 토대가 된 것 같아요."

훈련 후에 아이들은 감정표현을 다양하게 하기 시작했다. "재밌어", "무서워"에서부터 "좋아", "싫어" 등 훈련 전에는 하지 않던 표현들을 했다. 또한 원하는 것을 "하고 싶다"고 강력하게 이야기하는 적극성도 생겼다. 좋아하는 것과 싫어하는 것도 명확해졌다. 이런 아이들에게 부모들은 주로 "고집이 세졌다"고 표현했다. 어떤 아이들은 떼쓰는 것이 줄고 화내는 것도 줄었는데,

어떤 아이들은 반대의 경우를 보이기도 했다. 이런 행동은 주로 원래 고집이 셌던 아이에게 나타난 것이 아니라, 원래 자기 요구 사항이 별로 없었던 아이들에게 나타났다.

ㆍㆍㆍㆍㆍㆍㆍㆍㆍㆍㆍ 후각훈련 후에 불안이 많이 감소하면서 말을 정확히 하지는 못하지만 음을 따라 합니다. 자기가 원하는 것을 상대방이 알아듣지 못하거나 반응이 없으면 머리카락을 잡아당기거나 손으로 할퀴는 등 자기표현이 강해졌습니다. 웃음이 많아졌고 자기 고집이 생긴 것 같습니다.

ㆍㆍㆍㆍㆍㆍㆍㆍㆍㆍㆍ 표정에서 감정의 변화, 특히 긍정적인 감정 변화가 느껴집니다. 자신의 의사를 표현하는 것이 많아졌습니다.

ㆍㆍㆍㆍㆍㆍㆍㆍㆍㆍㆍ 요구가 다양해지고 구체적이며 신발신기나 문 열기 등에서 자기주도적으로 변해서 혼자서 하겠다고 요구합니다.

ㆍㆍㆍㆍㆍㆍㆍㆍㆍㆍㆍ 학습적인 부분에 있어서 호기심이 생긴 듯 싶습니다. 무언가를 가르치려고 하면 안하려고 했었는데

이제는 조금씩 따라오려고 합니다. 질문을 하면 반응이 없었으나 어떻게 해서든 답하려고 노력합니다.

··········· 혼내면 금방 울어버리기 일쑤고, 슬쩍슬쩍 눈치를 보는 것과 같이 감정변화가 많아졌습니다. 자신이 원하는 것을 갖기 위해서 악착같은 반응을 보입니다. 도구사용법도 전혀 되지 않았는데, 몇 번 시행착오를 거쳐 스스로 배우거나 주위 사람들이 하는 것을 보고 배워서 쓰는 것도 있습니다.

모방은 기본적으로 태어나면서 가지고 나오는 인간의 본능이지만, 발달장애 아이들은 어떤 이유로 그것이 사라지게 됐다. 후각훈련으로 모방하는 능력이 생기기 시작하면서 아이들은 더 자발적이고 요구하는 것도 많아졌다. 주변 사람들에게 관심을 가지면서 어른들이 하는 행동을 유심히 관찰하고 그것을 따라하게 됐다. 그림을 따라 그리기 시작하고, 예전에 배웠던 노래를 기억해서 부르고, 아이들과 같이 노래를 부르게 됐다. 그런 이유로 벽지가 낙서로 다 더러워져도 부모들은 그저 낙서를 하기 시작했다는 것에 기뻐했다.

··········· 가장 눈에 띄는 변화는 모방행동이 시작되었다는 것입니다. 이전에는 모방행동이 거의 없었는데 요즘은 뭐든 따라합니다. 예전에는 해주는 대로 가만히 있었지만 요즘에는 자기가 직접 하고 싶어하는 경향이 생겨났습니다. 잘하든 못하든 자기가 해보려는 모습을 보이는 것만으로도 많이 달라졌다고 보입니다.

··········· 우선 모방이 가장 좋아졌어요. 모든 것을 다 모방하진 않지만 상대를 보고 따라하려고 하네요. 곤지곤지 짝짜꿍 등은 아주 잘 되고요. "반짝반짝"을 시켜도 "꿀꿀 돼지"를 시켜도 손가락으로 하트 만들기를 시켜도 그냥 뭐를 시켜도 다 따라하려고 해요. 제가 "눈이 어디 있지?"이렇게 물으면 자기 손으로 눈을 가리키는 정도였는데, 이제는 자기가 저를 쳐다보면서 눈을 가리키면서 어디냐고 묻는 제스처를 취하네요. 그럼 제가 "눈"하면 또 다시 코 그리고 입 등 저에게 눈빛으로 질문을 해요.

··········· 동작 모방이 정말 좋아졌습니다. 집에서는 번개맨 체조를 노래 부르며 다 따라합니다. 말과 동작의 협응이 이루어진 것이 후각훈련하고 일주일 후입니다.

·············· 예전에는 노래를 다 알아도 연결해서 부르지 못했고 남과 소리 맞춰서 부르는 것도 안되었습니다. 지금은 노래를 연결해서 같이 소리 맞춰 부를 수 있게 되었어요. 아직 음정은 하나도 안 맞지만요.

·············· 가장 큰 변화는 펜(색연필, 사인펜, 크레파스 등)을 잡고 그리기 시작한 것입니다. 스케치북이나 집에 있는 작은 칠판에 한 번도 스스로 그림을 그린 적이 없이 그려달라고만 했었는데, 후각훈련 일주일째 스스로 사인펜을 잡고 그림을 그리기 시작했습니다. 이제는 자동차 종류(승용차, 지프차, 버스, 트럭 등), 공룡, 애벌레, 눈사람, 거미 등을 매일매일 스케치북에 그립니다. 한글도 조금씩 가르치고 있었는데 이제 그리기처럼 쓰기도 같이 하고 있습니다. 이제는 남아나는 종이가 없을 정도입니다. 그림을 즐겨 그리고 있습니다. 아직 잘 그리지는 못하지만 스스로 잡고 그리는 게 너무 대견합니다.

·············· 자동차, 기차, 로봇 말고는 그림을 다양하게 그리지는 않았는데, 짱구도 그리고 사람 비슷한 형상의 팔다리 손발도 조금씩 나온 것이 특징입니다.

후각기능, 건강, 편식, 배변 등의 개선

처음에 후각훈련은 후각이 안테나이거나 더듬이일 것이라는 단순한 직관에서 시작된 훈련이다. 이렇게 다양한 반응은 예상하지 못했던 효과였다.

상식적으로 예상했던 것이 하나 있었다면 후각기능의 정상화였다. 이 예상은 대부분 아이에게 적중했다. 후각적으로 민감하던 아이들은 후각적 민감성이 사라졌고, 후각적으로 둔감하거나 전혀 냄새를 맡지 못하던 사람들은 평균 감각으로 돌아오거나 민감도가 좋아졌다.

후각기능

··········· 아이가 냄새가 나도 그걸 표현하거나 하지 않았는데 안 좋은 냄새에는 코를 막는 행동을 합니다.

··········· 음식을 하면 관심을 갖고 냄새를 맡고는 "감자", "햄", " 된장찌개" 등으로 이야기를 하네요. 냄새에 반응이 없었는데 "고기냄새"라고 말하며 코로 냄새 맡는 행동을 합니다. 밥 냄새, 반찬 냄새를 맡습니다.

··········· 후각훈련을 하는 도중에 아이가 처음으로 음식을 먹기 전 냄새를 맡았습니다.

··········· 후각적으로 무척 예민해서 자기가 응가를 하고는 그 냄새에 구토를 할 정도였는데 그 증세가 사라졌습니다.

··········· 새로운 것을 만지거나 보면 간혹 냄새를 맡는 것을 볼 수 있었는데 후각훈련 이후 한 번도 보지 못했습니다.

·········· 뿌리던 제가 오랜 비염으로 후각을 잃은 지 오래였었는데 의외로 후각이 다시 살아나는 현상을 겪었습니다.

건강

뿌리던 엄마가 후각을 다시 되찾았다는 후기는 후각훈련이 후각을 잃은 사람들에게 다시 후각기능을 찾아줄 수 있다는 가능성을 제시한다. 뒤에 설명하겠지만, 후각기능 저하는 알츠하이머나 치매, 우울증, 정신병과 직간접적인 관계가 있다. 발달장애나 자폐를 갖고 있는 아이가 아닌 평범한 성인에게 일어난 후각훈련 효과이기 때문에 이런 질병에 대해 후각훈련이 갖고 있는 잠재성을 보여준다.

어떤 집은 아이를 이모가 잡고 있고, 엄마가 뿌리는 형식으로 후각훈련을 했었는데, 훈련이 끝난 후 이모가 4년 동안 갖고 있던 불면증이 사라졌다고 전해왔다. 후각훈련의 또 다른 잠재성을 보여주는 사례라고 생각된다. 이런 훈련의 잠재성은 생각지도 않았던 아이들의 건강 개선도 이뤄냈다. 감기를 달고 살던 아이였는데, 훈련 이후 지금까지 감기에 걸리지 않는다거나 비염이 없어졌다거나 하는 내용이다.

・・・・・・・・・・・ 환절기에 항상 겪는 천식 증상이 많이 호전된 것 같아요. 콧물이 흐르기 시작하면 기침하고 천식 증상으로 넘어갔었는데, 후각훈련을 하면서 콧물만 흐르다 다음날에 콧물이 줄어들면서 천식 증상으로 넘어가지 않고 나았습니다. 이렇게 넘어간 것이 3번 정도 있었어요. 후각훈련을 하면 코 점막이랑 기관지가 튼튼해지는 효과도 있나 봐요. 환절기 땐 항상 기관지 확장제를 한 달씩 처방받아서 먹었는데 가을엔 무사히 넘어갔네요.

・・・・・・・・・・・ 잘 때 입으로 숨을 쉬었는데 이제는 거의 코로 숨을 쉽니다. 코로 나오는 숨이 세진 것을 확실히 느낍니다.

・・・・・・・・・・・ 전에는 겨울철에 코막힘과 콧물 현상이 지속적으로 있었는데, 훈련 후 콧물이 없어지고 코막힘 증상이 거의 없어진 것 같습니다.

편식

냄새의 둔감성과 민감성이 좋아지면 가장 좋아질 부분이라고 생각되던 것이 편식이었다. 편식이 심한 몇몇 자폐 아이들은 못 먹는 음식 종류를 세는 것이 아니라, 먹을 수 있는 음식의 종류를 세는 것이 더 쉬운 아이들도 있다.

하루는 일곱 살짜리 아이가 방문했다. 아이의 엄마는 "밥 한 번 먹여보는 것이 소원"이라고 말했다. 그때까지 많은 아이들을 만나왔지만, 이야기를 들어보니 편식이 심해도 참 많이 심한 아이였다. 아이가 먹는 것은 딱 예닐곱 가지의 음식이었다. 음식의 종류가 얼마나 까다로운지 음식을 조리하는 방법에 따라서 먹던 음식도 안 먹는다고 했다. 감자튀김을 먹긴 먹는데 아주 특별한 방식으로 튀겨야 해서 파는 것을 먹일 수 없고, 닭고기도 시중에서 파는 것은 절대 먹지 않고, 집에서 특별한 방법으로 튀긴 닭만 먹는다고 했다.

이 아이는 4박 5일 동안 단식할 때조차 물 이외의 음식(소금이나 효소)은 입에도 대지 않았다. 한번은 죽염 몇 알을 억지로 먹였더니 그 자리에서 바로 다 토해버렸다. 아무리 자폐 아이라고 해도 단식 이후에는 편식이 좋아지는 경우가 많은데, 이 아이는 5일의 단식으로는 어림도 없었다. 아이 엄마는 후각훈련이라는 것이 있는지도 모르고 좀 굶기면 아이가 먹을까 해서 당시에 단식원을 운영하던 나를 찾아온 것이다.

후각훈련으로 아이는 좀 질게 하는 방식의 밥과 몇 가지 비빔밥을 먹게 되었다. 좀 윽박지르면 우리가 먹는 그냥 밥도 토하지 않고 먹었다. 다른 음식들도 처음처럼 그렇게 특별한 방식으로 조리하지 않아도 됐다. 이 아이에게는 후각훈련이 다른 종류의 큰 효과를 주지는 못했지만, 아이 엄마는 자신의 소원은 이뤘다고 말했다. 아이와 같이 밥을 먹게 되었기 때문이다. 편식이 좋아지는 것은 후각훈련의 일반적인 현상이다.

·············· 편식이 심했는데, 좋아서 먹는 건 아니지만 먹으라고 하면 싫어도 예전처럼 헛구역질하거나 토하지 않고 잘 먹습니다. 그리고 먹어서 괜찮다 싶으면 잘 먹고요, 예전엔 김밥도 못 먹었는데 김밥도 잘 먹게 됐습니다.

·············· 전에는 고기는 전혀 먹지 않았었는데, 지금은 매일 고기를 먹겠다고 합니다.

·············· 편식이 많이 좋아졌어요. 아직 안 먹는 음식도 많지만 예전보다는 많이 좋아졌네요.

· · · · · · · · · · · · 편식이 심해서 입에 안 맞으면 뱉어버리던 아이가 지금은 쓴 한약을 억지로라도 먹을 수 있게 되었습니다.

· · · · · · · · · · · 음식을 씹다가 뱉어놓는 일이 줄었습니다. 호두나 호박 같은 것들은 예전에 다 뱉었는데, 볶아서 섞어주면 먹게 된 음식 중 하나입니다.

· · · · · · · · · · · 원래 버섯이랑 청국장을 안 먹었었는데 이제 잘 먹습니다. 식욕도 늘었습니다.

· · · · · · · · · · · 신기하게도 절대 먹지 않고 뱉어내던 채소들을 잘 먹습니다.

· · · · · · · · · · · 폭식을 많이 했으나 이젠 음식을 많이 먹지 않습니다. 배고프면 참지 못하고 울고 떼를 썼는데 이제는 기다리라고 하면 조금 기다릴 줄 압니다.

· · · · · · · · · · · 편식이 심했는데 조금은 새로운 음식을 시도해서 입에 맞으면 계속 먹습니다.

배변

평범한 아이들은 거창하게 배변훈련이라고 말할 필요 없이 자연스러운 교육으로 변을 가린다. 배변훈련을 빨리 하는 우리나라 문화에서는 네 살만 되어도 기저귀 차고 다니는 것이 꽤나 눈치 보이기도 한다. 유치원 등을 보내기 때문에 예닐곱 살이 넘어도 배변훈련이 잘되지 않으면 더 신경이 쓰인다. 지금까지 후각훈련 후기를 보면 아쉽게도 소변가리기가 잘 되기 시작했다는 이야기는 종종 있어도 대변은 별로 없다. 훈련 이후에 소변가리기는 되는데, 왜 대변은 되지 않을까 라는 의문은 아직 풀리지 않았다.

· · · · · · · · · · · · 후각훈련 중반부 이후에 갑자기 변기 뚜껑을 열고 스스로 소변을 보기 시작했습니다. 몇 개월 전부터 소변 교육을 시작하고 있었는데, 화장실에 데리고 가야 소변을 보고 안 데리고 가면 그냥 팬티에 싸버렸었습니다. 쉬 마렵다는 말은 아직 안하는데 마려우면 밑을 손으로 만집니다. 밖에서는 그걸 보고 화장실 데려 가구요. 집에서는 자기 스스로 변기에 쉬를 합니다.

‧‧‧‧‧‧‧‧‧‧‧‧‧ 저녁에 물을 많이 먹고 깊이 잠들면 가끔 이불에 오줌을 쌌는데 후각훈련 후부터는 몇 번이라도 일어나서 소변을 봅니다.

‧‧‧‧‧‧‧‧‧‧‧‧ 처음으로 화장실에 혼자 가서 오줌 누고 물을 내렸어요. 전에는 변기에서 소변을 안 봤거든요. 그냥 놀이식으로 물만 내렸죠. 대변은 아직 완전하지 않지만, 소변은 화장실에서 100% 보게 됐어요.

‧‧‧‧‧‧‧‧‧‧‧‧ 변이 좀 더 단단해지고 하루에 한 번씩 규칙적이며 좋아졌어요.

‧‧‧‧‧‧‧‧‧‧‧‧ 예전에는 변기에 앉는 것도 거부했는데, 배가 아프면 변기에 앉아야 한다는 것은 받아들이게 되었습니다.

‧‧‧‧‧‧‧‧‧‧‧‧ 후각훈련 끝나고 밤에 오줌을 가리기 시작했으나, 2주 뒤 한 번의 실수가 있은 후 다시 오줌을 가리지 못하더니 요즘 다시 가리기 시작했습니다.

감각의 정상화와 기타 훈련반응

털실로 뜨개질한 옷을 못 입는 사람들이 종종 있다. 까칠까칠한 느낌이 싫은 이유도 있고, 그 옷을 입으면 자꾸만 피부가 자극이 되어서 피부문제가 생기기 때문에 안 입는 사람도 있다. 여성 중에는 머리를 묶는 것이 싫다고 말하는 사람도 있다. 이렇듯 평범한 사람들 중에서도 특정한 상황에 특정 감각이 예민해지는 경우가 있다.

많은 발달장애와 자폐 아이들이 모자 쓰는 것을 별로 좋아하지 않는다. 여자 아이들은 머리띠를 해놓으면 금방 풀어버리기도 한다. 후각훈련은 이런 촉각적인 민감함을 많이 개선시켰다. 그래서 쓰지 않던 모자를 쓰거나 장갑을 끼게 되었다거나, 간지럼을 안 타던 아이가 간지럼을 타게 되었다는 후기가 있다. 청각적인 감각과 시각적인 감각 변화도 자주 보고되는 이야기이다.

············ 무엇보다도 시각의 변화가 가장 뚜렷하게 드러났습니다. 사물을 응시하는 시간도 늘었고 사람과의 눈맞춤도 잦아졌습니다. 아이를 부를 때 반응이 늘었고 색깔 구분이 눈에 띄게 달라졌습니다.

············ 구름사다리를 더 잘 타게 되었고, 손힘도 좀 더 좋아졌고, 깊이에 대한 지각도 생겨 구름사다리 위로도 자신감 있게 잘 다니게 되었습니다.

············ 시지각이 참 많이 좋아졌어요. 블록이나 퍼즐놀이를 하게 되었어요. 현란한 색의 블록을 눈으로 보아도 괴로워하지 않는다는 점이 고무적이네요. 가베 같은 걸 해보니 입체 지각이 좀 생긴 듯합니다. 저희 애는 퍼즐은 6피스짜리도 잘 못했어요. 지금은 50피스짜리를 하고 있습니다. 1차 때도 높이 놔둔 과자를 찾은 걸 보고 시야가 넓어졌구나 싶었는데 2차가 끝나고는 더 넓어진 것 같습니다. 심부름을 시키면 예전에는 울기부터 했는데 이제는 전혀 당

황하지 않습니다. 제가 못 찾고 헤매던 핸드폰을 시키지도 않았는데 소파 밑에서 찾아오기도 했습니다.

· · · · · · · · · · · 도로에 있는 배수로 덮개 위를 지나가기 어려워했는데 전혀 상관하지 않고 지나갑니다. 낮은 턱도 손을 짚어야만 올라가고 내려오고 했는데, 이젠 올라가고 내려가기를 할 수 있습니다.

· · · · · · · · · · · 청각 예민함이 많이 줄었습니다. 결혼식장에 가서도 나가자고 안하고 잘 있고, 드라이 약풍에 머리도 잘 말립니다. 동생이 우는 것에도 대체로 잘 참습니다. 눈 마주침이 매우 길어졌고 부르면 쳐다보기도 합니다. 항상 쳐다보는 것은 아니나, 전에는 아예 보지를 않았으나 요즘은 70% 정도 봅니다.

· · · · · · · · · · · 이전에는 눈 쳐다보며 말하기를 할 수 없었는데 후각훈련 후 가능해졌습니다.

도로에 보면 배수로를 덮는 망처럼 생긴 철제 덮개가 있다. 깊이 지각이 발달하지 않은 아이들은 여기를 지나가지 못한다. 놀이터에 있는 그물망이나, 정글짐도 올라가지 못한다. 후각훈련 후 많은 아이들에게 이런 현상이 없어졌다. 이런 현상은 비장애 아이들이 높은 곳을 무서워하는 것과는 약간 차원이 다르다. 얼마나 높은지 실제로 빠지는지 안 빠지는지에 대한 감각적인 정보가 적기 때문에 일어나는 현상이다. 반대로 발달장애 아이들은 위험한 것을 위험하다고 느끼지 못하는 일도 많다. 또한, 지나치게 한 가지 행동을 반복하는 일도 있다. 이런 행동들도 후각훈련 후에 줄어들었다.

·············· 나열하기, 쌓기 등 단순반복 놀이는 많이 줄었습니다. 대신 블록을 색깔별로 분류하는 놀이를 시작했습니다. 손 흔들며 뛰어다니기, 한쪽 눈 몰기 등의 상동행동은 눈에 띄게 줄어들었습니다.

············· 눈 흘김은 100%는 아니지만 많이 줄었습니다. 집안의 모든 불 전부 켜는 것도 아직은 하고 있는데, 횟수는 조금 줄어들었습니다. 이 일과 관련된 변화는 아무리 불 켜지 말라고 말해도 듣지 않고, 우리가 끄면 자기가 바로 달려와서 바로 켜는 식이었어요. 그런데, 아빠가 켜지 말라고 소리치니까 주춤하고 못 켜고 찡얼대고 말더군요.

·············· 전에는 무서움이 없어서 시골로 이사 후에 혼자서 집 탈출해서 한밤중에 노인정에 가는 등의 일이 있었는데, 이제는 밤에 혼자 나가서 놀고 싶어하지 않네요. 어둠과 낯선 공간의 무서움을 알게 된 것 같습니다.

·············· 평소에 혼잣말을 중얼거리는 경우가 많았는데, 혼잣말 중얼거리기가 차츰 감소하더니 현재는 거의 없어졌습니다. 알고 있으면서도 확인하듯이 반복하는 질문이 무척 많았는데, 요즈음은 그 빈도가 많이 줄어든 편입니다.

·············· 무엇보다 위험하고 높은 곳에 올라가는 횟수가 많이 줄었구요. 집 밖에서 혼자 가버리지 않고 손잡고 걷기가 어느 정도 가능해졌습니다.

·············· 책을 뜯는 행동이 90% 이상 사라졌습니다.

·············· 물건을 잘 던졌는데, 그 물건을 주워서 다시 제자리에 갖다놓네요.

기타 훈련반응

후각훈련 후에 '어른들이 보기에' 항상 좋은 일만 일어나는 것은 아니다. 어떤 아이들은 엄마나 아빠가 무엇을 자기에게 하려고만 해도 도망간다. 주로 어떤 특수한 치료를 많이 받았던 아이들이 그러는 경우가 있었다. 고집이 세지는 것은 아이들의 인지력이 높아지면서 생기는 자연스러운 반응이지만, 고집 세진 것을 받아들이지 못하는 부모들도 있다.

경련을 하는 아이들은 상황의 변화에 민감하기 때문에 훈련 도중에 경련을 일으키기도 한다. 부모들은 경련성 질환이 있는 아이들은 후각훈련뿐 아니라, 어떤 새로운 훈련이든 발작의 가능성이 있다는 것을 알아야 한다. 이런 설명에도 불구하고 경련하는 아이들에게 후각훈련을 결정한 부모들도 있었다. 이 아이들은 훈련 중에 발작이 있더라도 원래 하는 양상보다 더 크게 일어나지는 않았다. 경련성 질환이 있다고 해서 모든 아이들이 후각훈련 중에 발작을 일으키는 것은 아니지만, 가능성이 있다는 사실은 알고 있어야 한다. 가능성에도 불구하고 할 것인가 말 것인가는 부모의 선택이다.

훈련 중 잠의 변화는 일반적인 현상이지만, 어떤 아이들은 특정 행동이 지나치게 늘어나기도 한다. 명현으로 보이는 행동들과 반응들은 일반적으로 후각훈련 후 1개월 안에 없어졌지만, 몇 명은 두세 달 정도까지 지속됐다.

·············· 새벽 4시 30분에 잠들었습니다. 그때까지 뛰면서 놀았어요. 들뜨고 흥분도 잘하고 그랬는데 지금은 많이 안정이 되었습니다.

·············· 변기 물 내리기, 손 흔들기, 소리 지르기, 자다 깨기, 전등 켜놓기 등의 자기자극 행동을 후각훈련 4일째부터 시작했습니다. 떼쓰는 일도 엄청나게 늘었습니다.

·············· 명현반응이 훈련 10일째쯤 나타났어요. 열이 38도 정도로 나더니 다음날 떨어졌어요. 열이 나면 항상 40도 가까운 고열이 나서 걱정했는데 해열제 한 번 먹고 떨어졌어요. 열도 많이 나지 않고 금방 떨어지길래 명현반응인가보다 했네요.

·············· 아이가 좀 차분해진 것 같고 똘똘해진 듯하지만, 고집이 많이 세져서 그건 좀 힘든 것 같아요.

· · · · · · · · · · · 훈련 중 아이의 낮잠이 많이 늘었습니다. 평소에는 잠자는데 약간의 시간이 걸렸지만 후각훈련 기간에는 누우면 10분 내로 바로 잠들었습니다.

· · · · · · · · · · · 처음 후각훈련을 시작하고 약 일주일 정도는 약간의 미열과 콧물을 동반한 코감기기 있었으나 아이가 별로 불편해하진 않았습니다.

3부

과학으로 알아본
후각훈련 효과의 이유

뇌 발달의 일등공신 후각

후각은 최초의 감각이다. 35억 년 전에 나타난 것으로 짐작되고, 아주 작은 박테리아도 이 감각을 가지고 있다. 박테리아에서부터 인간에 이르기까지 모든 생명체는 생존에 있어 필수적인 요소로 후각을 사용하고 있다.

곤충은 뇌라고 불릴 수 있는 것의 반이 후각이다. 식물도 냄새를 제대로 맡지 못하면 정상적인 성장에 장애가 생긴다. 인간에게는 후각이 별로 중요하지 않을 것 같지만, 인간 유전자의 3%는 후각에 쓰인다. 비록 60% 정도가 작동하지 않는다고 하지만, 연구에 의하면 인간을 지금처럼 만들어준 것은 다름 아닌 후각의 발달이었다.

독일 튀빙겐 대학교 연구진은 고성능 영상스캔기술을 이용해 호모 사피엔스와 네안데르탈인의 화석을 비교하여 분석했다. 이 연구를 보면 인류의 조상인 호모 사피엔스의 뇌는 네안데르탈인보다 기억, 언어, 사회적 기능과 관련된 측두엽이 더 컸을 뿐 아니라 냄새를 받아들이는 후각구가 12%나 더 큰 것으로 나타났다.

네안데르탈인은 50만 년 전쯤 나타나 3만 년 전쯤 멸종한 인류의 친척이다. 후각은 다른 감각과 달리 기억과 직결돼 있고, 냄새는 과거 사건과 관련된 감정이나 사람들에 대한 느낌을 강하게 일으킨다. 연구진은 가족관계, 집단결속, 사회적 학습 등과 같은 사회적 기능의 진화와 호모 사피엔스의 뛰어난 후각이 연관이 있다고 설명했다.

인류가 나타나기 전 파충류와 포유류가 경쟁하던 시절에 후각은 포유류가 지구에서 살아남는 데 가장 강력한 영향을 미쳤다. 공룡시대에 처음 나타난 포유류는 주로 야행성이었을 것으로 추정된다. 포유류는 냄새가 중요한 생존수단이었으므로 후각기능을 중심으로 뇌가 발달했고, 후각 관련 부분이 팽창하면서 대뇌피질이 되었다는 것이 과학이 설명하는 후각의 역할이다.

후각은 시각과 달리 자체적으로 구체적인 정보가 전달되지 않기 때문에 많은 내용을 추측에 의존해야 한다. 후각정보에 대한 해석을 정확하게 하기 위해서는 더 큰 뇌 기능이 요구되었다는 것이다. 이렇듯 후각 정보를 중심으로 다른 정보를 통합하는 방식으로 뇌가 팽창하여 계획적인 사고가 가능한 대뇌피질을 발전시켰다고 한다.

미국 텍사스 대학교의 티모시 교수팀은 파충류와 1억 9000만 년 전에 살았던 고대 포유류와 현존하는 포유류의 두개골 3가지를 비교했다. 연구팀은 후각이 발달한 동물이 뇌도 더 크고 복잡하다는 것을 알아냈다. 뇌의 용량과 비강의 크기를 비교해보니 고대 포유류가 파충류보다 뇌 용량이 50% 이상 컸다. 특히 뇌 용량과 비례해 비강도 컸고, 뇌 피질에서 후각 담당부위도 더 넓었다. 고대 포유류가 현생 포유류로 진화하는 과정에서 뇌는 세 단계에 걸쳐 발달했다고 한다. 먼저 후각이 발달하면서 냄새에 예민해지고 그 뒤엔 촉각이 발달했다. 마지막 단계에서 신경 네트워크가 복잡해지고 정교해지면서 근육을 미세하게 움직일 수 있게 됐다는 것이다.

후각은 현재 포유류에게도 강력한 생존수단이다. 우리가 잘 아는 바와 같이 많은 포유류의 냄새는 지독하다. 다른 종에 비해 포유류는 자신의 냄새로 영역을 표시하고, 자기의 아이텐터티를 나타낸다. 모든 포유동물들의 갓 태어난 새끼는 냄새로 젖을 찾아 최초의 식사를 한다. 결과적으로 모든 포유동물은 출생

하자마자 완벽한 후각을 가지고 있어야 한다.

야콥슨 기관이라고 불리는 특수한 후각기관이 있다. 뱀이나 쥐, 고양이 등 후각기관이 예민한 척추동물이 쓰는 후각기관이다. 인간은 태아기에 발달했다가 서서히 퇴화된다고 알려져 있었다. 하지만, 최근에는 어른들도 이 기관이 활성화된다는 연구들이 나오고 있다. 뱃속 태아는 4개월 정도까지 야콥슨 기관이 다른 척추동물처럼 상당히 발달되어 있다. 야콥슨 기관은 성적 신호와 사회적 신호를 주로 포착한다. 뱃속 아기들에게 성적 신호가 중요할 이유가 별로 없다는 점을 감안한다면 태아 때 이 기관이 가장 발달해있는 이유는 우리의 진화단계와 마찬가지로 사회성일 것이다.

사람의 갓난아기들도 태어나는 순간부터 엄마 냄새를 알아차린다는 것은 잘 알려진 상식이다. 신생아실에 있는 갓난아기에게 엄마의 젖을 손수건에 적셔서 가까이 대면 손수건을 댄 방향으로 아이가 고개를 돌린다. 이것은 너무나 당연히 있어야 할 생존 반응이다.

후각은 수정란이 되기도 전부터 작동한다. 사람의 정자에도 후각이 있다. 독일 루르 대학교 마르크 스퍼 교수팀은 정자도 냄새수용체를 갖고 있다는 연구결과를 발표했다. 정자들은 시험관에 인공적인 유인물질을 넣자, 이 물질이 많이 있는 방향으로 마치 벌이 꽃을 향해 날아가듯 일제히 헤엄쳤다고 한다. 정자에서 발견된 냄새수용체는 코의 감각세포에 있는 수용체와 비슷한 것으로 밝혀졌다.

뇌가 후각기능을 지렛대로 발전했다는 과학적인 연구 결과는 후각을 이용한 뇌 재활법의 개발 가능성을 생각해보게 한다.

무의식에 숨은 후각과 기억

1980년대 이후 가장 유명한 조향사 중의 한 명이자, "샤넬의 코"라는 별명으로 불렸던 조향사 자크 폴주는 향수에 대해 이렇게 말했다.

"향수는 결코 말로 존재할 수 없다. 오직 향기만이 있을 뿐이다."

우리는 어떤 사물을 설명할 때 주로 시각적으로 표현한다. 시각적 묘사는 우리가 무언가를 설명할 때 주로 사용된다. 시각은 빨주노초파남보 등의 색과 네모, 세모, 동그라미 뿐 아니라 아주 다양한 모양으로도 묘사할 수 있다.

"코가 길고 다리가 네 개이고 귀는 커다랗게 생겼다. 코 옆에는 커다란 뿔 같은 것이 달려 있고, 몸집은 사자보다 훨씬 크다.

코로 무언가를 집어 먹는 모습도 보인다."

어떤 사람은 시각적으로 코끼리를 이렇게 묘사할 필요도 없다. 그림을 잘 그리면 말 한 마디 없이 본 것을 그대로 그릴 수 있다. 시각적 모양을 그대로 옮기는 데 쓰이는 사진기나 각종 영상 장비들을 통하면 다른 사람이 본 것을 똑같이 볼 수도 있다.

청각적인 묘사는 시각만큼은 아니지만, 자주 보지 못하는 코끼리는 몰라도 개 짖는 소리 정도는 많은 사람이 따라할 수 있다. 성대모사의 달인이라는 사람들은 각종 동물의 소리는 물론 타인의 목소리를 그대로 복사하기도 한다. 갈수록 발달하는 녹음기는 이제 현장의 소리를 거의 재현할 수 있는 단계에까지 이르렀다.

원시적인 감각으로 내려가면 감각을 재현하는 것이 조금씩 어려워진다. 부드럽다거나 꺼칠꺼칠하다거나 하는 촉각은 사람마다 조금씩 다른 표현을 낳는다. 후각적인 묘사는 더 어렵다. 당장 다음과 같은 질문을 머리에 떠올려보자.

"코끼리를 후각적으로 설명해주세요."

영상장비와 녹음장비들의 발달로 우리는 실제 삶에서 보거나 듣지 못한 많은 일들을 보고 듣는다. 하지만, 최첨단 장비들도 후각을 완벽하게 저장하거나 재현하지 못한다. 이런 문제는 요즘 유행하는 4D 영화에서도 나타난다. 비슷하게 재현한다고 하더라도 영화에 후각적 요소를 집어넣기에는 문제가 많다. 요즘 3D 영화가 많이 나오면서 후각이나 다른 감각까지 제공하여 4D나 5D 영화까지 나오지만, 후각적인 효과는 계속 실패하고 있다.

선혈이 낭자하는 장면에서 진짜 피 냄새가 난다면 많은 관객들이 도망가 버릴 것이다. 하수구 장면에서 진짜 하수구 냄새가 난다고 생각해보라. 아마 하수구 냄새가 싫어서라도 그 영화를 추천하지 않을 것이다. 비위가 약한 사람은 속이 울렁거려서 극장을 뛰쳐나갈 수 있다. 거기다가 뿌린 하수구 냄새가 극장에 밴다면 어떻게 할까? 또한, 한 시간 내내 그 장면이 아닌 이상 먼저 뿌렸던 냄새를 사라지게 하는 방법도 마땅치 않다.

코끼리를 전혀 모르는 사람에게 각종 모양과 생김새를 예로 들면서 코끼리를 설명할 수 있지만, 코끼리 냄새를 모르는 사람에게 코끼리 냄새를 설명할 수는 없다. 아무리 비슷하게 설명한다 해도 무슨 냄새랑 비슷하다는 정도일 것이다. 기분 나쁜 냄새, 돼지 냄새, 오리 냄새와 같이 어떤 특정한 것들과 비유하여 그것을 설명할 방법밖에는 없다.

이런 사실들만 보면 후각적 자극은 다른 감각적 자극에 비해 기억하기 어려울 것 같지만, 사실은 그 반대이다. 후각은 감정뇌로 알려진 변연계에 속해 있다. 후각은 기억과 관련된 해마를 직접적으로 건드리며, 언어적인 형태가 아닌 무의식의 형태로 저장된다.

후각적인 자극은 즉각적으로 "좋다"나 "싫다"의 반응을 불러일으킨다. 그것에 대한 기억도 오래 간다. 냄새는 감정을 즉각적으로 자극시키며, 오랫동안 기억되고, 그 양을 측정하기도 어렵다.

후각적 기억을 심리학적 용어로 "프루스트 현상"이라고 부른다. 프랑스의 작가 마르셀 프루스트의 대하소설 『잃어버린 시간을 찾아서』에서 주인공은 어린 시절에 먹던 과자에 대한 냄새에 이끌려 어린 시절로 떠나게 되는데, 그것을 비유하여 붙여진 이름이다. 프루스트 현상은 냄새에 의해 기억되는 급작스럽고 생생한 기억을 말한다. 잊은 줄 알았던 기억이 여기 저기 흩어져 있다가 후각자극에 의해 활성화되는 것이다.

미국 모넬 화학감각연구센터의 실험심리학자인 레이첼 허즈 박사는 프루스트 현상을 과학적으로 증명한 실험을 실시했다. 연구팀은 실험 대상자들에게 특정 그림과 향기를 같이 제시했다. 비교 대조군은 그림과 함께 촉각적 자극이나 음악을 틀었다. 실험 대상자들에게 향기만을 맡게 한 뒤 그림을 떠올리게 했을 때 피험자들은 그림에 대한 느낌을 훨씬 더 잘 기억해냈다. 촉각이나 음악을 제시한 대조군은 그런 효과가 없었다.

아이들을 대상으로 한 다른 실험에서는 아이들이 풀기 힘든 과제를 풀고 있을 때 특정 향기를 제시했다. 이 향기를 다른 문제를 풀 때 제시했더니 과제를 해결하기 힘들어했다. 향기에 대한 기억과 힘들었던 기억이 연합된 것이다.

후각은 기분 좋은 냄새보다 나쁜 냄새를 기억하는 데 조금 더 효과적이라고 한다. 미국 노스웨스턴 대학교에서는 어른들을 상대로 특정 냄새를 맡을 때 가벼운 전기 충격을 주는 실험을 했다. 피험자들은 아주 가벼운 전기충격일 뿐이었지만 전기충격 당시의 냄새를 기억하는 능력이 평소보다 2배 이상 올라갔다고 한다.

이스라엘 와이즈만연구소 야라 예슈런 박사 연구팀도 비슷한 실험을 했다. 16명의 성인에게 사진을 보여주면서 달콤한 배와 곰팡내를 맡게 했다. 90분 뒤엔 같은 사진에 다른 냄새를 맡게 했다. 1주일 뒤에 같은 냄새를 맡게 하면서 MRI로 뇌를 촬영했다. 실험참가자들은 냄새를 맡을 때 해마가 활성화됐다. 해마는 인류의 발달 초기에 후각정보를 주로 처리하는 곳이었다고 한다. 참가자들은 곰팡내에 훨씬 더 큰 반응을 보였다. 이것은 생존능력과 결부된 후각의 기능을 보여준다. 나쁜 상황에 대한 기억은 생존에 필수적이기 때문이다.

후각은 강력한 감정 자극제

냄새는 감정에 직접적인 영향을 준다. 냄새는 신경전달물질의 분비를 촉진시키거나 약화시킨다. 어릴 때 다양한 냄새 자극들을 제대로 경험해야 감정을 비롯한 사회성과 관련한 뇌 부위가 잘 발달한다는 이야기도 이런 이유 때문이다. 정신분열증 환자들이나 사회부적응 환자들은 냄새를 잘 구분하지 못하는 특성을 보인다고 한다. 미국 펜실베이니아 대학교 브루스 투레스키 교수팀이 정신분열증 환자 26명의 후각망울 크기를 측정한 결과 정상인보다 평균 23%나 작았다. 연구팀은 "냄새는 매우 강력한 감정의 자극제"라고 주장하면서, 후각능력과 정신병 사이의 인과관계가 크다고 밝혔다.

정신분열증은 후각영역 내에서 즐거움을 경험할 수 있는 능력이 손상되는 것과 관련이 있다고 한다. 자폐는 예전에 소아정신분열증으로 구분된 적도 있었다. 뇌의 후각영역은 먹는 행위, 성행위, 노여움, 쾌감 등을 관장하는 뇌 부위와 가까이 있어서 후각기능을 상실하면 발기부전이나 불감증에 시달릴 수도 있다.

독일 킬 대학교의 베티나 파우제 박사는 우울증 환자 20명과 대조군 20명을 대상으로 실시한 후각기능 테스트 결과 우울증 환자의 후각기능이 대조군에 비해 크게 떨어졌다고 발표했다. 정상인이 쉽게 맡을 수 있는 냄새를 우울증 환자는 감지하지 못했다. 뇌파검사에서도 이 결과는 동일하게 나타났다.

호주 맥커리 대학교 연구팀은 좀 색다른 연구를 발표했다. 범죄 이력이 없는 19~21세 남녀 79명을 대상으로 실험한 결과, 사이코패스 지표가 높은 사람일수록 냄새 구분 능력이 떨어진다는 것이다. 이 연구는 먼저 참가자들의 무감각 정도와 범죄성향, 다른 사람에 공감하는 정도, 불규칙한 생활습관 등 사이코패스 지표를 측정했다. 그리고 오렌지, 커피, 가죽 등 16가지 냄새를 맡게 했는데, 사이코패스 지수가 높은 사람일수록 냄새를 못 맡을 뿐 아니라 구분하는 능력도 떨어졌다. 냄새를 맡는다는 사실은 알고 있으면서도 냄새를 제대로 인식하지 못하는 사람도 있었다.

일본에서 이뤄진 생활향기에 대한 연구를 보면 집안의 일상적인 냄새를 특별히 인식하지 못할 때에도 뇌는 냄새의 존재를 민감히 느끼고 있다고 한다. 일반적으로 우린 어떤 냄새에 익숙해지면 그 냄새를 '인지'하지 못한다. 하지만, 의식적으로 인지하지 못한다고 해서 뇌조차 그것을 아예 모르는 것은 아니다. 결과적으로 이런 냄새는 사람에게 스트레스의 원인이 될 수 있다.

미국 럿거스 대학교의 하비랜드 존스 박사는 59명의 대학생을 좋은 향수냄새와 꽃향기가 있는 방과 평범한 방에 들어가게 했다. 향은 일반 사람이 알아차릴 수 없는 농도로 살짝 뿌렸다. 방안에서 학생들은 어린 시절에 대한 글쓰기 과제를 받았다. 글쓰기를 마친 학생들은 다른 방에 있는 마임 연기자에게 자기의 감정을 표현하게 됐다.

향이 있는 방에서 글쓰기를 한 학생들은 대조군보다 행복과 관련된 단어를 3배 정도 더 사용한 것으로 나타났다. 또 마임 연기자에게 가까이 다가가 신체 접촉을 하는 등의 적극성을 보인 비율도 74%였다. 대조군은 15%만이 이런 태도를 보였다. 좋은 냄새는 행복감을 높인다. 하지만, 이것은 정상적인 후각 기능을 가졌을 때의 이야기이다. 냄새를 못 맡거나, 아니면 '좋은' 냄새를 안 좋게 인식하는 사람이라면 다른 결과가 나왔을 것이다.

땀 냄새로는 그 사람의 성격까지 파악할 수 있다고 한다. 폴란드 브로츠와프 대학교 연구팀은 남녀 각각 30명에게 성격검사를 한 뒤 티셔츠를 나눠주고 3일간 계속 입게 했다. 회수한 옷을 남성 100명, 여성 100명에게 나눠주고 냄새를 통해 주인공의 성격을 평가하게 했다. 참가자들은 사교적이고 사회적인 성향, 불안하고 우울해하는 경향, 지도자가 되려는 욕구 등을 성격검사 결과와 비슷하게 맞췄다.

우리는 평소에 땀 냄새를 맡아보고 그 사람의 성격을 평가한다고 생각하지는 않는다. 하지만, 이것은 우리가 의식적으로 그렇다고 믿는 것뿐이지 실제로는 그렇게 평가하고 있을지도 모른다. 실험연구를 보면 우리 모두가 그 미세한 냄새를 알고 있긴 하지만, 인식하지 못한다고 표현하는 것이 맞는 말이다.

우리는 눈치 좋은 사람을 "개코"라고 부른다. 현실에서 우리 모두는 다른 사람들이 뿜어내는 미세한 냄새를 잘 맡는 "개코"인 것이다.

후각과 공감능력

"다른 사람과 같은 냄새를 공유하지 않고는 남들과 관계를 맺기 힘들다."

독일 드레스덴 대학교 연구진은 32명의 성인들을 대상으로 후각장애 여부, 일상생활, 사회적 관계, 좋아하는 음식 등에 대해 심층면접을 했는데, 위 글은 실험에 참가한 한 여성의 말이다.

연구진은 사람들은 다른 사람들에 대한 사회적 정보를 후각으로 주고받는다고 설명한다. 후각에 문제가 있으면 커뮤니케이션 채널이 닫힌다는 것을 의미한다는 것이다.

텔레비전 예능 프로그램에서 냄새로 사람을 찾는 실험을 했던 것이 기억난다. 아이가 입었던 옷이나 애인이 입었던 옷만 주고 그 사람을 찾으라고 하는 게임이었다. 많은 참가자들은 단순히 냄새만으로 친한 사람을 찾았다. 이렇듯 우리는 알게 모르게 가족의 냄새를 알고 있다.

많은 포유류가 자기 영역을 냄새로 표현하듯 사람도 자기 냄새를 수시로 확인한다. 우리는 어린아이들이 자기 정체성이 만들어질 때, 자신의 생식기 냄새를 맡는 행동을 종종 본다. 비슷하게 성인 남녀들도 무의식적으로 자신의 생식기나 배설물 냄새를 맡는다. 유명한 독일 축구 대표팀 감독은 TV 중계 중에도 생식기 냄새를 맡는 모습이 화면에 포착되어 구설수에 오르기도 했다. 냄새는 포유류의 자기 정체성이고 남을 파악하는 기본 감각이다.

스위스 로잔 대학교 연구진은 위험에 처한 쥐가 특정 냄새를 풍기면 다른 쥐는 도망가거나 숨는다는 것을 밝혔다. 연구팀은 늙은 실험쥐를 안락사한 다음 그곳의 공기를 모아서 다른 쥐가 있는 공간으로 옮겼다. 그랬더니 쥐는 냄새를 맡자마자 반대편으로 도망가거나 그 자리에서 꼼짝하지 않는 공포 반응을 보였다. 물고기도 비슷한 반응을 보인다고 한다.

독일 뒤셀도르프 대학교 베티나 파우제 교수팀은 대학생 49명을 대상으로 공포의 땀 냄새와 운동의 땀 냄새를 구분할 수 있는지 실험했다. 연구진은 자전거 운동과 졸업 구두시험을 치르기 한 시간 전의 겨드랑이 땀을 채취했다. 참가자들은 땀 채취 전 24시간 동안 마늘, 양파, 아스파라거스처럼 냄새가 강한 음식을 먹지 않았다. 탈취제도 사용하지 않았고 비누도 연구에 영향을 끼치지 않는 연구용 비누를 썼다.

이 땀이 밴 패드를 냄새 맡는 사람은 다른 학생 28명이었다. 이들은 이 패드를 맡으면서 뇌 영상을 찍었다. 냄새를 맡는 학생들은 이 패드에 땀 냄새가 배어있다는 사실을 실험 전에도 실험 중에도 알아차리지 못했다. 하지만, 의식적으로 인지하지 못했다고 하더라도 뇌는 움직였다. 뇌 영상을 보면 시험 전의 땀 냄새를 맡을 때는 감정영역과 사회적 신호를 관장하는 뇌 부위가 활성화됐다. 특히 감정이입을 담당하는 구역이 활성화되는 것으로 보아 땀 냄새로 다른 사람과 공감하고 있다는 것이 밝혀졌다. 비슷하게 낙하산을 타고 뛰어내린 사람 20명의 땀을 채취한 다른 실험에서도 사람들의 뇌는 두려움을 느꼈다.

미국 하버드 대학교 대학원생이던 마사 매클린톡은 기숙사 여학생들의 월경주기가 동조현상을 보인다는 논문을 발표했다. 처음엔 제각각이던 생리일이 7개월이 지나자 33% 더 가까워졌다는 내용이다. 같은 방을 쓰지 않는 사이에서는 그런 현상이 없었다. 나중에 매클린톡은 월경주기가 규칙적인 20~35세 여성 29명을 대상으로 추가 실험을 진행했다. 9명을 골라 깨끗이 씻도록 한

다음 겨드랑이에 8시간 이상 패드를 붙였다. 월경주기의 단계별로 시료를 채취하고 알코올로 냄새를 없앤 뒤 나머지 20명의 코밑에 그 혼합물을 발랐다. 그러자 배란주기가 빨라지거나 느려지는 현상이 나타났다. 배란 전에 만들어지는 페로몬은 배란주기를 짧게 하고, 배란 중에 만들어지는 페로몬은 배란주기를 길게 한다고 한다. 여성들은 생활 속에서 종종 겪었던 일이기 때문에 공감하는 내용일 것이다.

미국 모넬 화학감각연구센터 조지 프레티 박사는 남성의 겨드랑이에서 나온 땀에서 페르몬으로 추정되는 성분을 추출한 뒤 여성들에게 냄새를 맡게 했다. 여성들은 땀 냄새를 알아차리지 못했으나 땀 냄새를 6시간 동안 맡은 여성들은 실험 전보다 기분이 편안해지고 긴장이 많이 풀렸다.

겨드랑이 분비선에서 만들어지는 스테로이드의 일종인 안드로스테논을 사용한 연구를 보면 미세한 우리의 후각의 신비를 엿볼 수 있다. 이 물질은 전 인구의 30% 정도는 냄새를 맡지 못한다고 하여 실험에 종종 이용된다.

영국의 가이스병원 의과대학의 톰 클락은 극장의 자유석에 안드로스테논을 뿌려 놓고 뿌리지 않은 다른 자리와 비교하여 어느 쪽을 선호하는지를 관찰했다. 여성들은 안드로스테논을 뿌려 놓은 자리를 훨씬 더 많이 선택했다. 병원에서 검진을 기다리는 대기실의 여러 의자 중 하나에 안드로스테논을 뿌려 놓았더니, 여성들은 다른 의자보다 그 의자에 더 앉았다.

이스라엘 와이즈만 과학기술원의 샤니 겔스테인 박사팀은 24~32세 남성 50명에게 여성의 눈물 냄새를 맡게 했다. 연구팀은 슬픈 영화를 본 여성이 흘린 눈물과 비슷하게 염도를 맞춘 소금물을 이용해 비교 실험을 했다. 눈물과 소금물의 냄새를 각각 맡게 한 뒤 피부반응, 심박수, 체온 등과 같은 생리지수와 체내 테스토스테론 분비량을 측정했다. 테스토스테론은 대표적인 남성호르몬이다.

연구결과 소금물에는 아무 변화가 없었지만, 여성의 눈물은 테스토스테론 분비량 감소는 물론 피부 반응이나 심박수와 관련된 변화도 눈에 띄게 나타났다. 뇌 자기공명영상에서도 남성들은 눈물 냄새를 맡고 나서 성적인 흥분을 느끼는 뇌 부위가 다른 때보다 활성화되지 않았다. 공격성과 흥분 정도가 모두 감소한 결과였다. 여성의 눈물은 남성을 향한 최대의 무기라는 이야기를 확인시켜주는 연구이다.

이처럼 많은 연구에서 보여주듯 사람의 후각은 퇴화한 것이 아니라 진화하면서 인간에 맞게 특성화되었고, 여전히 사회관계에 큰 역할을 한다. 사람은 서로 가까워질수록 체취도 비슷해진다. 동일한 취미, 동일한 느낌, 동일한 관심도 냄새에서 비롯되는 경우가 많다. 같이 사는 일란성 쌍둥이는 냄새도 비슷하여 개조차도 종종 헷갈린다고 한다.

인간은 매일 수천 종의 냄새물질을 분비하고 있다. 인간의 커뮤니케이션 중 많은 부분이 냄새에 의존하고 있다. 자기의 체취를 느끼지 못하고 상대방의 체취를 느끼지 못하는 것이 사회성과 직접적으로 연관이 된다는 것은 수많은 연구에서 증명되고 있다.

후각기능 이상과 자폐증의 공통점

"아이가 아픈 것을 잘 몰라요."

자폐증 아이의 부모에게서 이런 말을 종종 듣는다. 어떤 아이들은 넘어져서 무릎이 다 까졌는데도 아무렇지 않게 행동하고, 자기 몸을 계속 꼬집기도 한다. 자기 몸을 계속 꼬집는 것은 통증에 대해 우리가 알고 있는 방식으로 아이들이 반응하지 않는다는 뜻이다. 그 행동에서 실제 쾌감을 느낄 수도 있고, 다른 작은 자극으로는 피부 감각을 느낄 수 없어 '감각적 체험'을 위해 꼬집는 것일 수도 있다. 안아주는 것을 극도로 싫어한다든가, 신체 접촉을 꺼리는 행동은 흔히 '촉각 방어'라는 용어로 불릴 정도로 자폐 아이들에게는 흔한 현상이다.

이런 반응과 관련된 연구가 있다. 통증을 잘 느끼지 못하는 사람은 냄새를 맡는 능력도 둔감하다는 연구이다. 영국 유니버시티 칼리지 런던 존 우드 교수팀은 통증을 느낄 수 없는 환자 3명을 대상으로 후각능력을 실험했다. 이들은 발사믹 식초, 오렌지, 민트와 커피 등의 향을 맡지 못했다. 통증 감각과 냄새는 뇌로 전달되는 통로가 같다. 연구진은 이들 피부에서 뇌로 통증 신호를 전달하는 이온통로에 변화가 나타난 것을 발견했다. 여기가 고장 나면 뇌에 냄새 신호를 전달할수 없다.

연구진이 실험용 쥐의 코 세포에서 이 통로를 없앤 결과, 쥐들은 엄마 쥐를 찾지 못해 젖을 먹을 수 없었고, 고양이를 만나도 피하지 않았고, 스스로 음식도 찾지 못했다. 연구진은 이온통로의 변화는 맛을 느끼는 데에도 영향을 미칠 수 있다고 말한다.

발달장애 아이들의 편식은 일반 아이들보다 심한 편이다. 진짜 매운 것이나 쓴맛도 가리지 않고 먹는 아이들도 있다. 우리가 맛이라고 알고 있는 것의 90% 이상은 후각이 담당하기 때문에 편식이나 이상한 음식을 탐닉하는 경향도 후각기관의 이상과 관련을 생각해 보아야 한다. 후각훈련을 해보면 편식과 관련된 증상이 개선되는 경우가 많은 것은 또 다른 증거가 될 수 있다.

캐나다 맥길 대학교 신경학연구소의 요한 룬드스트롬 박사는 우리가 체취를 통해 친구와 낯선 사람을 구별한다고 말했다. 룬

드스트롬 박사는 피험자들에게 자신의 체취, 친구의 체취, 낯선 사람의 체취, 일상생활 냄새를 각각 맡게 하고 PET 영상으로 뇌를 관찰한 결과, 체취와 일상 냄새가 처리되는 신경회로가 완전히 다르다는 사실을 발견했다. 특히 낯선 사람의 체취를 맡을 때는 공포와 위험 반응을 나타내는 뇌 부위가 활성화됐다. 연구진은 낯선 체취는 생존과 연관되기 때문에 한층 빠르고 정확하게 처리되는 것이라고 결론 내렸다. 많은 자폐증 아이들이 친한 사람과 낯선 사람도 구분 못하는 것은 후각장애와 관련이 있을 수 있다.

대표적인 자가면역질환인 루프스 연구를 보면 환자들은 후각이 점차 저하되며, 증상이 심하면 심할수록 후각기능 저하현상이 더 심하다. 50대 루푸스 환자 50명과 건강한 50대 50명을 대상으로 한 연구에서 루푸스 환자의 경우 46%에서 후각기능이 저하된 상태였다. 건강한 사람들도 25%는 후각기능이 저하된 상태로 나타났다. 하지만, 아예 후각기능이 상실된 사람은 건강한 대조군에는 한 명도 없었으나 루프스 환자들은 10명이나 됐다. 루프스라는 자가면역질환이 후각기능 손상을 유발했을 것으로 추정된다고 한다. 많은 발달장애아들이 자가면역질환을 함께 가지고 있다는 것은 많은 시사점을 갖는다.

후각을 상실한 환자들의 경우 미각도 잃게 된다. 후각을 잃으

면 체중이 비정상적으로 늘다가도 후각을 되찾으면 체중이 정
상적으로 된다고 한다. 눈과 코를 가리고 양파를 먹으면 사과를
먹는다고 말하는 사람이 생각보다 많다. 맛을 느끼는 많은 부분
은 후각기관에서 담당하기 때문이다.

실험용 쥐와 토끼의 후각신경을 절단하면 과격한 행동이나 신
경전달물질, 호르몬의 변화가 일어난다. 과격한 행동이나, 신경
전달물질, 호르몬의 이상 현상은 자폐인에게 일반적인 일이다.

냄새는 뇌의 포만중추를 자극하여 음식을 그만 먹게 하는 역
할을 한다. 많은 자폐 아이들은 음식에 지나치게 탐닉한다. 냄
새를 잘 맡지 못하는 사람은 배탈과 설사에 시달리는 경우도 많
고, 음식에 대해 비정상적인 반응을 보이기도 쉽다. 자폐 아이들
의 소화장애는 항상 부모의 애간장을 태우는 첫 번째 목록이다.

미국 러시대학병원 로버트 윌슨 박사가 600명을 대상으로 후
각기능과 인지기능 테스트를 실시한 결과, 바나나 냄새를 구분
하지 못하는 등 후각기능이 많이 저하된 사람은 이상이 없는 사
람에 비해 알츠하이머 전 단계인 인지기능 장애가 나타날 위험
이 50%나 높았다. 미국 UC샌디에이고 대학교 클레어 머피 박사
가 55~97세 남녀 98명을 대상으로 후각기능 테스트와 지능검사
를 실시한 결과, 후각기능이 지능, 기억력, 추리력과 직접적인 연
관이 있는 것으로 나타났다.

후각기능이 저하된 사람은 알츠하이머나 치매, 파킨슨병 등에 걸리기 쉬운 것으로 알려져 있고, 치매 환자들은 기억과 함께 후각도 서서히 잃어가는 것으로 보고된다. 이 병의 초기 단계에서는 냄새를 잘 구별하지 못하고, 병이 진행되면 없는 냄새를 느끼거나 향기로운 냄새를 악취로 느끼는 증상이 종종 나타난다고 한다.

후각훈련을 하면서도 전혀 맡을 수 없는 냄새를 맡거나, 아무렇지도 않은 꽃향기를 싫다고 도망가는 아이를 종종 만나볼 수 있었다. 이런 아이들은 유쾌한 냄새에는 둔감하고 불쾌한 냄새에는 강력한 반응을 보이기도 한다.

수면 시에 냄새를 맡게 하고 심장박동수, 호흡수, 뇌파검사, 피부반응 등을 살펴보면 냄새는 잘 때조차도 우리에게 영향을 미친다. 과도한 후각적 민감성은 푹 자는 것도 방해할 수 있다. 수면에 대한 트러블은 발달장애아들이 겪는 기본적인 문제이다. 이상 후각증을 앓고 있는 사람들은 부끄러움을 많이 타거나 감성적으로 억제되어 있으며 새로운 것을 회피하는 경향도 있다. 새로운 것을 회피하는 경향도 자폐증의 가장 큰 특징이다.

2015년에 발표된 연구는 후각기능과 자폐와의 연관성을 시사한다. 이스라엘 와이즈만 연구소의 리론 로젠크란츠 연구팀은 자폐아는 악취에 대한 반응이 현격히 달라 후각 테스트를 통해

80% 정도로 정확하게 자폐아를 가려낼 수 있다는 연구결과를 발표했다.

이 연구는 자폐아동 18명과 대조군 18명을 대상으로 진행한 후각테스트였다. 연구팀은 만화영화를 틀어놓고 장미향과 같은 기분 좋은 냄새와 썩은 생선 같은 기분 나쁜 냄새를 각각 10차례씩 맡게 하고 그 반응을 살펴봤다. 냄새를 맡는 시간과 흡입량도 측정됐다. 이 연구에서 대조군 아이들은 기분 나쁜 냄새를 0.3초 정도로 짧게 맡고 좋은 냄새는 오래 맡았지만, 자폐 아동들은 냄새에 따라 달라지지 않았다. 연구팀은 냄새에 대한 반응만으로 유의하게 자폐증 아이들을 알아맞출 수 있었다. 연구팀은 자폐증의 사회성 결핍이 후각장애에서 기인했을 수 있다고 결론 내렸다.

지금까지 후각기능 이상과 자폐증 사이에는 우리가 모르던 이런 연결고리들이 많이 존재한다는 것을 확인했다. 결국 "어떻게 고칠까?"라는 문제를 해결해야 한다.

후각은
뇌 발달의 방아쇠

예전 과학자들은 뇌가 뼈와 비슷하다고 생각했다. 이것은 아직 우리가 과학적 지식이 너무 모자를 때의 결론이다. 뼈와 비슷하다는 이야기는 변하지 않는다는 인식의 반영이었다. 현재 뇌 과학자들은 뇌가 근육과 비슷하다고 말한다. 운동하면 기능이 좋아지는 근육처럼 뇌도 변화할 수 있다는 것이다. 이런 현상을 "신경 가소성"이라고 부른다.

신경세포가 새롭게 생기지 않는다는 옛 이론은 조금씩 무너지고 있다. 1998년에는 기억을 담당하는 해마에서 새로운 뉴런들이 생겨난다는 것이 밝혀지기도 했다. 뉴런 자신은 세포분열을 하지 않지만, 뉴런으로 분화하기 전의 신경줄기세포가 뉴런을 만들어내고 있었다.

다른 신경세포와는 달리 후각 신경세포는 그 재생성이 이미 임상에서 증명되고 있다. 폴란드 브로츠와프 의과대학 의료진은 2012년, 2년 전에 흉기에 찔려 하반신이 마비된 40세 남성의 후각신경구에서 후각초성화세포OEC를 떼어서 척수에 이식했다. OEC는 후각 신경세포가 계속 재생되는 과정에서 신경섬유가 다시 자랄 수 있게 한다.

의료진은 OEC가 척수에서도 신경섬유 재생을 도울 수 있을 것으로 봤다. OEC를 2주간 배양한 뒤 손상된 척수에 주입하고 발목에서 떼어낸 신경조직을 추가로 얹어 놓았다. 시술 6개월 뒤, 이 남성은 사고 뒤 처음으로 평행봉을 잡고 걸을 수 있을 정도로 회복됐다. 시술 2년 뒤인 2014년에는 보조기를 착용하고 걸어 다닐 수 있게 됐다. 이 남성은 "방광과 장의 감각, 성 기능도 되돌아 왔다"고 밝혔다. 이렇듯 재생에 있어서 후각신경세포의 탁월함은 이미 밝혀지고 있다.

UC버클리 대학교 심리학과 노엄 소벨 연구팀은 스테로이드 호르몬의 일종인 안드로스테논을 사용하여 후각을 훈련시킬 수 있는지 연구했다. 이 물질을 인지하지 못하는 12명을 찾아내서 '훈련'시킨 것이다. 연구진은 한쪽 코를 완전히 막고 다른 콧구멍에 안드로스테논을 21일간 노출시킨 후에 후각능력 테스트를 다시 했다. 결과를 보기 전에 이 연구에서 확인하고자 하는 목표를 먼저 살펴볼 필요가 있다. 이 연구에서 확인하고자 한 것은 후각이 훈련으로 좋아진다는 것이 아니라 '뇌가 훈련될 수 있는 가'였다.

이것은 중풍으로 쓰러져서 뇌의 팔다리 운동영역에 손상을 입은 사람이 팔다리 운동을 하면 뇌가 회복되는 사례들이 후각과 같은 다른 기관에서도 일어나는지 확인하려는 것이었다. 뇌의 특정부위가 활성화되지 않을 때, 그것에 해당하는 말초기관을 훈련하면 좋아지느냐에 대한 물음인 것이다. 오른쪽 코와 왼쪽 코는 서로 다른 신경연결을 갖고 있기 때문에 만약 한쪽 코 훈련만으로 다른쪽 코의 능력도 좋아진다면 이것은 단순히 코가 좋아진 것이 아니라 뇌가 좋아졌다는 것을 의미한다.

연구결과는 한쪽 코의 훈련만으로 양쪽 코 모두 안드로스테논의 인식도가 2배 정도 높아졌다. 이런 연구는 알츠하이머나 기타 정신질환처럼 후각능력이 감퇴하여 생기는 질환이나 이상 후각증을 앓고 있는 발달장애 아이들에게 희망을 준다. 아이의 신경계는 계속 발달하고 있다. 어른에게 이런 결과가 있었다면 아이들에게는 훨씬 더 좋은 결과가 있을 것으로 생각하는 것이 당연하다.

후각신경은 뇌신경 12가지 중에 1번 신경으로 불린다. 1번으로 불린다고 제일 중요하다는 뜻은 아닐 것이다. 그냥 외우기 좋게 번호를 붙였거나 제일 앞에 있으니까 그렇게 불렀을 수도 있다. 하지만, 나에게는 의미 있게 들린다. 현재 지식으로 본다면 다른 뇌신경들은 재생되지 않거나 재생되더라도 굉장히 제한적이다. 1번 후각신경은 그 재생성이 뛰어나서 위에 언급된 것과 같이 다른 기관의 재생에까지 쓰인다. 만약 1번을 건드려서 다른 곳을 치료할 수 있다면 이것은 큰 기회일 것이다.

자연의학에서는 우리 몸을 하나의 유기체로 본다. 한 곳의 변화는 반드시 다른 곳의 변화로 이어진다. 우주는 아주 작은 변화도 지나치지 않는다. 인간은 소우주이다. 발에 가시만 하나 박혀도 걷는 모양부터 장기의 위치까지 다 바뀐다. 뇌신경 중 하나가 바뀌면 어떻게 될까? 그것이 포유류의 뇌를 극적으로 발달시켰고, 사회성의 기본이 되며, 감정과 기억에 엄청난 역할을 하는 것이라면.

4부

감각왜곡을 해결하는 열쇠, 후각훈련

후각은
모든 감각의 기본이다

감각은 세상을 향해 열려있는 안테나이다. 만약 감각에 문제가 생긴다면 어떻게 될까? 우리가 세상을 배울 수 있을까? 감각 없이 세상을 향해 어떻게 뻗어나갈 수 있을까? 우리가 라디오를 듣지 않을 때도, 텔레비전을 보지 않을 때도 라디오와 텔레비전 전파는 지금 우리 옆을 지나고 있다. 이 전파는 수신기가 없으면 우리에게 아무 의미도 없다.

눈을 통해 들어오는 정보, 귀를 통해 들어오는 정보, 코를 통해 들어오는 정보, 입을 통해 들어오는 정보, 온몸에 분포해 있는 촉각을 통해 들어오는 정보, 이 정보들이 신경계로 통합되고 분석되어 운동을 통해 나온다. 그 운동은 자신을 긴장시키는 것과 이완시키는 것이 될 수도 있고 발달을 위한 활동이 될 수도 있다.

아이들이 발달하지 못하는 원인을 잘 살펴보면 대부분 어느 시기에 감각 손상이 있었다. 어떤 아이들은 시각, 어떤 아이들은 청각, 어떤 아이들은 촉각, 후각, 미각의 왜곡이 있다. 평형감각이나 사회성도 감각의 영역으로 볼 수 있고, 각도를 달리하면 유머 감각까지도 감각 영역으로 볼 수 있지만, 여기서는 시·청·후·미·촉각과 관련된 이야기를 하고자 한다.

감각 왜곡은 관찰하기가 생각보다 쉽지 않다. 감각이 왜곡된 아이들은 볼 수 있다고 해도 우리와 똑같은 모습으로 세상을 보는 것이 아니며, 들을 수 있다고 해도 우리와 똑같이 듣는 것이 아니며, 느낄 수 있다고 해도 우리와 같이 느끼는 것이 아닐 수 있다.

청각왜곡

발달장애가 있는 많은 아이들이 청각적으로 민감하다. 우리도 한두 번 그런 경험을 할 때가 있다. 평소엔 안 들리던 시계 초바늘 움직이는 소리 때문에 잠들지 못한 경우가 가끔 있을 것이다. 보통은 몸이 좋지 않거나 신경 쓰는 일이 많을 때 겪는다.

만약 우리가 들을 수 있는 범위가 1부터 10까지라면 1은 우리에겐 아주 작게 들릴 테고 10은 기분 나쁠 정도로 크게 들릴 것이다. 그런데 이게 거꾸로 들린다면 어떻게 될까? 10은 가장 작게 들리고 1이 가장 크게 들린다면 어떻게 될까?

우리 아이는 예전에 가끔 하늘을 쳐다보곤 했다. 그래서 같이 하늘을 쳐다보면 저 높이 하늘 끝 즈음에 비행기 한 대가 날아가고 있었다. 당연히 우리 어른들은 그 소리를 들을 수 없었다. 아이가 다녔던 어린이집 선생님도 비슷한 이야기를 했다. 아이가 하늘 멀리 있는 비행기 소리를 듣는 것 같다고. 옛날 『소머즈』라는 영화의 여주인공처럼 멀리 있는 소리를 들을 줄 아는 '특별한 능력'이었으면 좋으련만 그게 그렇게 단순한 것이 아니다. 청각의 왜곡은 10이라는 큰 소리를 1처럼 듣고, 1이라는 작은 소리를 10처럼 크게 듣는 식으로 단순하게 일어나지 않는다.

세상은 평균에 맞추어서 돌아간다. 평균적인 사람들은 2~4라는 소리 크기를 가장 편안하게 듣기 때문에 엄마도 아빠도 그 크기로 이야기한다. 라디오에서 흘러나오는 음악소리도, 지하철 안내방송도 엄마의 자장가도 그 크기이다. 만약 아이에게 청각왜곡이 있어서 4라는 크기가 10처럼 들린다면 어떻게 될까?

엄마의 자장가는 비행기의 굉음처럼 들릴 수도 있다. 시계 초바늘이 돌아가는 소리인 1이 9처럼 들린다면 어떻게 될까? 아이는 언제나 비행장 옆에 사는 사람들이 겪는 스트레스를 겪고 있을지도 모른다. 그런데 아이에게는 어른과 다른 점이 있다. 자기가 겪은 것이 세상의 전부이기 때문에 세상 모든 사람들이 자기와 같은 상황에서 살고 있다고 생각한다. 자신이 보고 듣고 느끼는 세상이 전부라고 생각하게 된다.

의사표현이 가능한 자폐인의 연구에 의하면 자기의 심장소리나 다른 사람의 호흡소리, 맥박소리 때문에 너무 힘들었다는 내용도 보인다. 극단적으로 자기 피 흐르는 소리 때문에 집중하기가 어렵다는 이야기도 있다. 많은 어른들도 자기가 알고 있는 세상이 전부인 듯 세상을 살고 있는데, 아직 자기와 남을 구분하기어려운 청각왜곡 아이들에게는 어쩌면 세상은 '시끄러운 형벌을받는 지옥'과 비슷할지도 모른다.

시각왜곡

시각도 마찬가지이다. 단순히 시력이 나쁘다는 것과는 질적으로다르다. 아이들에게 시력검사를 하면 정상으로 나와도 아이들은 우리와 보는 방식이 다를 수 있다. 글을 읽을 줄 알고 의사표현을 어느 정도 할 줄 아는 아이들을 보면 시각 이상을 쉽게 파악할 수 있다.

"동물농장"을 "농장동물"이라고 읽기도 한다. 그냥 거꾸로 보인다면 "장농물동"이라고 읽어야 할텐데 이건 거꾸로도 아니고 바로도 아니고 단어가 뒤바뀌어 보이는 것이다. 이런 경우에는 전자시계를 읽을 때도 묘한 일이 발생한다. 11:05을 11시 50분으로 읽기 때문이다. 시계를 모르는 것이 아니라 0과 5의 자리가 바뀌어 보이기 때문에 11시 50분이라고 읽게 되는 경우도 생길 수 있다.

검사하면 난시가 없는데 고도 난시처럼 사물이 겹쳐 보인다거나, 사물의 윤곽이 보이지 않는다거나, 특정 색깔이 보이지 않는 경우도 있다. 사물의 윤곽만 인식하지 못하거나, 특정 색깔만 보이지 않는 것은 현재 검사법으로는 알아낼 수 없다. 인지능력이 있는 경우에는 알아보는 특수 방법이 있기는 하지만, 대부분 7세 이하의 발달장애 아이들은 알아내기 어렵다.

만약 시각에 이런 문제를 가지고 있다면 학습능력이 현저하게 떨어지는 것은 너무도 당연한 일이다. 그래서 벽에 붙여놓은 과일 그림 중에 사과를 찍으라고 하면 참외를 찍고, 참외를 찍으라고 하면 딸기를 찍는 일이 벌어진다. 이런 상황만 보고 엄마 아빠는 우리 아이가 아직 사과하고 참외도 구분하지 못한다고 생각하게 된다. 이런 경우에는 사과와 참외의 구분보다는 시각에 문제가 있는지 살펴보는 것이 중요하다.

촉각왜곡

정상적인 촉각 발달에 문제가 있었을 경우에는 대근육 운동이 어려울 수 있다. 자신이 움직이는 것을 끊임없이 뇌로 피드백하는 고유수용성 감각은 촉각과 같은 맥락에 있다. 촉각과 고유수용성 감각의 왜곡은 너무 예민하여 발바닥을 땅에 다 댈 수 없거나 머리를 빗을 때나 감을 때 통증으로 다가오기도 한다.

만지거나 쓰다듬는 것이 고통스럽다든지 꼭꼭 씹어야 하는 것에서 아픔이나 이상 감각을 느낀다면 어떨까? 만약 몸에 걸쳐져 있는 옷의 촉감이 참을 수 없는 고통으로 다가온다면? 그런데도 아프다는 표현을 할 수 없다면 어떨까? 아니면 촉각이 너무 둔해서 팔다리 등에서 중추신경계로 적절한 정보가 전달되지 않는다면? 아이들은 통증이나 온도나 압력이나 접촉 등이 적절하게 느껴지지 않아 그것에 대해 반응하는 것을 어려워하는 것일 수도 있다.

후각왜곡

후각의 경우에는 더 심각하다. 이미 살펴본 것처럼 포유동물에게 후각은 생존 그 자체이다. 포유동물은 냄새의 동물이라고 할 수 있다. 포유동물은 종 특유의 냄새로서 영역을 표시하고 그것으로서 사랑의 짝을 찾고 먹을거리를 찾는다. 화가 날 때 나는 냄새가 있고 사랑할 때 나는 냄새가 있다. 만약 아이가 후각에 문제가 있다면 엄마의 사랑스러운 냄새를 화난 냄새로 생각할 수도 있다.

후각도 다른 감각이상과 같이 냄새 자체를 못 맡는 것뿐 아니라 왜곡되어 있는 것이 문제이다. 후각 이상은 대근육, 소근육 문제와도 밀접하게 연관이 되어있고 다른 감각의 기본이 되어서 쉽게 알아차리기 어려운 점이 있다. 미각의 경우도 후각과 직접적인 연관이 있고, 다른 사람한테 안기는 것을 싫어하거나 특정 촉각 자극을 지나치게 추구하는 아이들도 후각왜곡과 관련이 있다.

후각이 과다하게 민감한 것도 항상 좋은 것은 아니다. 우리가 벽시계의 초바늘이 지나가는 것을 항상 크게 듣고 있다면 이것은 굉장한 스트레스이다. 다른 사람과 어느 정도는 같은 감각 수준을 가지고 있어야 일상생활의 스트레스가 적다. 왜냐하면 일상은 평균에 맞춰서 설계되기 때문이다. 초원에서 얼룩말은 사자의 냄새를 맡아도 바로 도망가지 않는다. 그때마다 도망가면 먹고살 수 없기 때문이다.

자기의 영역, 즉 도망갈 수 있다고 생각되는 거리를 사자가 넘어설 때에만 도망간다. 감각에 대한 과도한 인식과 과민반응은 스트레스를 극대화시킬 수 있다. 세상은 모든 감각이 평균인 사람들을 위해 설계되어 있다. 소음 규제도 평균에 맞춰져 있고 악취도, 현란한 네온사인도 그렇다.

평균에 맞춰져 있는 세상에 평균적으로 발달하기를 원한다면 아이들의 왜곡된 감각을 바로 잡아주어야 한다. 물론 모든 것이 안테나의 문제는 아니다. 하지만, 안테나 하나 바로 세워서 좋아질 수 있다면 너무 반가운 일이다. 아이의 왜곡된 감각을 고치는 것은 아이가 세상을 정상적으로 인지할 수 있게 해주는 가장 빠른 길이다.

모든 감각의 베이스, 후각

후각을 간단하게 정의하면 '화학물질을 체크하는 감각'이다. 생명체 내의 모든 커뮤니케이션은 후각적 방식으로 진행된다. 세포들은 신경전달물질과 호르몬, 각종 효소를 분비하고 그것을 받아들인다. 뇌의 각종 분비선들은 다른 장기에게 호르몬을 분비하여 명령을 전달하고, 각 세포들도 비슷한 물질들을 분비하여 뇌와 통신을 한다. 뇌 세포들끼리는 서로 신경전달물질을 주고받으면서 소통한다. 이 과정이 모두 '화학물질을 체크하는 과정'이다.

후각기관은 단순히 냄새를 맡고 그것이 무엇인지 판단하는 기관이 아닐 수도 있다. 광범위하게 보면 모든 생명체 통신수단의 기본일 수도 있다. 단순히 냄새 맡는 기관을 고친다고 한 달 안 되어 못 타던 자전거를 타고, 철봉에 매달리고, 심지어 못 걷던 아이가 걷게 될 수는 없는 일이라고 생각된다. 처음 '망치 맞았던 그 깨달음'때 알았던 것처럼 안테나가 고쳐진 것이다. 뇌에서 아무리 손에 힘을 주라는 신호를 보내도 손에서 신호를 받지 못하면 무용지물이다.

후각훈련을 하면 촉각, 청각, 시각적 왜곡이 개선되는 이유는 무엇일까? 후각이 최초 감각이고 다른 감각의 기반이 되기 때문이다. 진화의 단계와 같이 처음에 후각에서 시작된 감각이 다른 감각으로 분화되는 것이다. 비유하자면 벽돌의 제일 아래에 후각이 있고, 그 위에 차례로 다른 감각들이 쌓여있다고 볼 수 있다.

완벽하게 완성되지 않았다는 생각에 대중에게 발표하지는 않았지만, 나는 청각훈련기와 시각훈련기도 개발했다. 친하게 지내던 아이들에게 계속 훈련기를 사용해왔기 때문에 후각훈련과 다른 감각훈련과의 차이를 이해할 수 있게 됐다.

청각훈련을 한 후에는 시각적인 민감도가 좋아지는 경우가 있었지만, 후각적으로 좋아지는 경우는 없었다. 시각훈련은 시각 외에 청각이나 후각적인 변화를 일으키지는 못했다. 후각 위에 청각이 있고, 그 위에 시각이 있다는 것을 경험적으로 확인한 셈이다. 제일 아래 벽돌인 후각을 정상 위치에 갖다 놓으면 청각과 시각도 따라서 옮겨진다고 추측된다. 감각이 재배열되면 아이들은 모든 면에서 달라지기 시작한다.

후각훈련의 발전과정

나는 화학에는 문외한이다. 그나마 지금은 좀 알게 됐지만, 처음 후각훈련을 개발할 때만 해도 화학식만 봐도 책을 덮어놓고 바람을 쐬러 나갈 정도로 머리가 아팠다. 공부하기는 해야겠는데 눈이 가질 않았다. 그런 이유도 있어서 후각에 대해 사유하는 방법은 일종의 화두선 같은 것이었다. 선불교에서 마음공부를 위해 쓰는 화두와 같이 한 가지 질문을 파고드는 식이다. 나중에 『몰입』이라는 책을 읽었는데, 이 책의 저자 황농문 교수는 이렇게 한 가지에 몰두하여 문제를 해결하는 방식이 수많은 발견과 문제 해결의 핵심이라고 말한다. 책을 읽고 생각해보니, 그

때 나는 한 가지 질문을 '죽어도' 놓지 않았던 것 같다.

후각기관의 물리적 형태를 보면 코는 우리가 알고 있는 그 코가 아니다. 코는 겉으로 보이는 것보다 훨씬 넓은 부비동이라는 구조를 가지고 있다. 부비동은 코 주위의 복잡한 동굴로서 얼굴 전체를 차지하고 있다고 해도 과언이 아닐 정도로 넓다. 자연의학에서는 '신이 필요 없는 기관을 만들지 않았다'는 전통적인 명제를 가치 있게 여긴다. 그래서 이런 질문을 던지게 됐다.

"왜 이 넓은 동굴이 얼굴 전체를 차지하고 있을까?"

질문에 대한 대답은 하루아침에 얻어지지 않았다. 아침부터 저녁까지 일상생활을 하면서도 부비동이 왜 사람에게 필요한가에 대한 질문이 이어졌다. 도서관에서 수많은 책을 찾아보고 인터넷에서 외국자료를 이 잡듯 뒤졌지만, 능력이 모자란 이유인지 몰라도 부비동의 필요성에 대해 의미 있게 설명하는 해부학자나 의학자는 없었다. 폐로 들어가는 공기를 데우기 위한 공간이라거나 이물질이나 분비물을 거른다거나 하는 설명 정도였다. 소리를 낼 때 울림을 일으킨다는 내용 정도가 나에게는 의미 있게 들렸다. 그러나, 이렇게 정교한 구조물에 대한 설명으로는 만족스럽지 않았다. 복잡하게 얽혀있는 석회굴처럼 생긴 부비동에는 이것보다는 더 많은 비밀이 있을 것만 같았다.

형태일까, 파동일까?

대부분 후각기능을 연구하는 학자들도 코 안에 있는 후각신경과 냄새수용체에만 매달리고 있었다. 후각과 관련한 냄새수용체는 오랫동안 발견되지 않았다. 2004년 냄새수용체와 관련된 후각메커니즘을 발견한 공로로 노벨상이 수여되기는 했지만 여전히 냄새를 어떤 방식으로 인식하는지에 대해서는 논쟁 중이다.

노벨상 수상과 함께 냄새에 대한 주류 패러다임이 된 이 형태이론은 냄새수용체가 어떤 형태를 인지하는 방식으로 작동된다고 설명한다. 어떤 냄새가 입자 형태로 퍼지면 그것을 코에 있는 후각신경이 알아챈다는 일종의 화학반응적 설명이 이 형태이론의 핵심이다.

형태이론의 반대편에는 파동이론이 있다. 특정 향을 피우면 수천 미터 떨어진 모기들이 몰려오는데, 이 향을 알루미늄이나 납 등으로 막으면 모기가 오지 않는다고 한다. 파동이론을 주장하는 학자들은 형태이론은 이와 같이 수천 미터 밖에서 냄새를 맡고 오는 곤충들의 행동을 설명할 수 없다고 주장한다. 파동이론을 지지하는 연구는 또 있다.

오랫동안 비둘기는 지구의 자기장을 파악하는 능력이 있어서 집으로 돌아올 수 있다고 알려져 왔다. 이탈리아 피사 대학의 안나 갈리아르도 연구팀은 비둘기가 후각을 사용해 특정장소를 찾아간다는 것을 증명했다. 연구팀은 귀소본능이 자기장에 의한 것인가, 후각기능에 의한 것인가를 알아보기 위해 비둘기 48마리를 두 그룹으로 나눴다.

24마리는 후각신호를 전달하는 신경을 끊고, 24마리는 자기장 탐지와 관련된 부위를 절단해서, 둥지에서 50km 정도 떨어진 곳에서 날려 보냈다. 자기장 탐지 능력을 잃은 비둘기들은 1마리를 제외하고 모두 24시간 내에 둥지로 돌아왔지만, 후각기능을 상실한 비둘기는 4마리만이 돌아왔다.

두꺼비와 개구리를 이용한 연구에서도 귀소본능은 후각신경을 완벽하게 절단했을 때만 없어졌다. 새는 포유류보다 후각능력이 떨어진다고 알려져 있다. 하늘을 날고 있기 때문에 시각을 주로 사용하면서 후각이 퇴화됐다는 것이 주된 이론이다. 그런데 비둘기의 사례에서 보는 것과 같이, 생각보다 어떤 새들은 후각을 잘 사용하고 있었던 셈이다. 단지 우리가 모르는 방식이었을 뿐이다.

물론 이런 파동이론도 모든 후각의 기능을 증명하지는 못한다. 노벨상이 형태이론에 손을 들어줬지만, '형태냐 파동이냐'의 논쟁은 동전을 두고 각각 앞면과 뒷면만을 설명하고 있는지도 모른다. 이런 기존 후각이론과 냄새이론을 공부했지만, 내 질문에는 별로 대답이 되지 않았다.

북에서 힌트를 찾다

어느 날, 북이 눈에 들어왔다. 대학시절 북과 장구의 재미에 빠져서 살았던 적이 있었다. 그래서 북은 친숙한 악기였다. 북을 세게 치자 그 북소리가 가슴을 울렸다. 순간 부비동의 역할에 대해 번개처럼 다음과 같은 생각이 빠르게 흘렀다.

어떤 사람들은 장중한 음악의 울림을 온몸으로 느끼기 위해 고가의 스피커를 찾아다닌다. 청각장애인들을 위한 촉각 스피커도 개발되어 있다. 소리를 귀로만 듣는다는 생각은 편견이다.

부비동은 얼굴 속 빈 공간이다. 빈 공간은 울림을 위해 필요할 것이다. 기존 이론에서도 우리가 소리를 낼 때 부비동은 울림을 보조한다고 설명하고 있다. 그러나, 단순히 내는 소리의 울림을 보조하기 위해서라면 부비동이 왜 귀와 연결되어 있을까?

뭔가 울림을 증폭하기 위한 기관은 아닐까? 울림통이 클수록 북소리는 커진다. 이 큰 공간은 코로 들어오는 신호와 귀로 들어오는 신호를 증폭하는 기관일지도 모른다. 더 나아가서 처음부터 어떤 특정한 신호를 받아들이는 역할을 가진 기관으로 '설계'된 것은 아닐까? 그렇다면 가면을 쓰는 것보다는 직접 얼굴에 뿌리는 방식이 효과가 더 좋을 것이다.

이 생각이 나기 전까지는 아이들에게 코를 뚫은 가면을 씌우고 코에만 스프레이를 분사하는 방식으로 훈련했다. 이 방식은 효과의 적고 많음을 떠나서 촉각 방어가 있는 아이들의 경우, 가면을 씌우는 것이 실제 후각 스프레이를 뿌리는 것보다 더 힘들었다. 가면이 탈춤에서 쓰는 거라서 좀 무서운가 싶기도 하여, 미용실에서 쓰는 투명한 가면으로 바꿔봤지만, 촉각방어가 있는 아이들에게는 소용이 없었다.

그렇다고 얼굴에 직접 뿌리기에는 피부 트러블 등의 문제가 생길 수 있었다. 이런 이유로 어쩔 수 없이 한 명이 아이를 붙들고 다른 한 명이 스프레이를 뿌리는 훈련 방식을 유지할 수밖에 없었다. 그러나, 얼굴 전체에 뿌리는 것이 더 효과적이라는 '깨달음'까지 생긴 마당에 이런 훈련의 단점은 가만둘 수 없었다.

이때 초기의 시행착오가 생각났다. 처음에 후각훈련 효과가 좋게 나타나자, 조금 욕심이 생겼다. 냄새물질의 농도를 높이면 효과가 늘어날 것 같았다. 그래서 냄새물질의 농도를 높였더니 효과 차이는 별로 없이, 피부트러블 등이 나타나기도 해서 초기 농도로 돌아왔었던 적이 있었다.

"냄새물질의 양을 늘려도 효과 차이가 없었다면 줄이면 어떻게 될까?"

이 질문에 대한 답은 결국 해봐야 아는 것이었다. 그래서 차츰 농도를 줄여가면서 훈련반응을 살펴갔다. 하루아침에 다 바꿀 수는 없어서 차츰차츰 농도를 줄여나갔다. 다행히 효과 차이는 없었다. 결국 거의 최저 농도라고 생각되는 지점까지 농도를 줄인 후에 가면을 벗고 맨 얼굴에 뿌리는 방식으로 훈련 방식을 변경했다.

맨 얼굴에 뿌리는 방식이 가면을 쓰는 방식보다 훨씬 더 극적인 효과 상승으로 이어지지는 않았다. 하지만, 농도가 줄어서 그런지 가끔 있었던 피부트러블이 거의 사라졌다. 가장 큰 소득은 가면을 씌우느라 실랑이 벌이는 일이 없어지고, 많은 아이들이 생각보다 '자발적으로' 후각훈련에 참여하기 시작한 것이다.

후각훈련을 하는 방법

후각훈련은 맨 얼굴에 스프레이를 뿌리는 방식으로 진행된다. 후각키트는 서로 다른 160개의 스프레이로 만들어진다. 한 박스에 40개씩 4박스로 구성되어 있으며, 각 키트에는 일련번호가 붙어있다. 1번부터 차례대로 쉬지 않고 160번까지 뿌리는 것이 한 세션이다.

뿌릴 때는 코를 중심으로 얼굴 전체에 퍼지게 뿌린다. 이렇게 하려면 얼굴에서 약 30cm 떨어진 곳에서 분사하면 된다. 아이들이 스프레이를 피하려고 얼굴을 돌리더라도 이 정도 거리라면 대부분 얼굴 전체에 퍼진다. 가까이 뿌리면 더 좋을 줄 알고 가까이 뿌려서 거의 물총 싸움하듯 뿌리는 경우도 있는데, 이렇게 하면 물 자체의 영향이 많아 더 좋지 않다.

적정 훈련시간은 한 세션에 약 30분 정도인데, 가급적 중간에 쉬지 않아야 한다. 1번 스프레이를 뿌리기 시작했다면 160번이 끝날 때까지 쉬지 않아야 한다. 얼굴에 물이 분사되기 때문에 얼굴에 맺힌 물은 가끔씩 수건으로 톡톡 두드려줄 정도로 닦아 주면 된다. 훈련이 다 끝나면 세수를 한 번 하는 것이 좋다.

훈련기간은 일반적인 경우에 20일이다. 후각훈련이 개발될 당시에 훈련기간은 15일이었다. 15일만으로도 충분히 효과가 있었으나, 가끔씩 훈련을 더 하면 좀 더 반응이 좋았던 아이들이 있었기 때문에 20일로 날짜를 정했다. 30분짜리 한 세션을 하루에 2번 하는 것이 기본 프로그램이다.

하루에 2번하는 스케줄은 만 5세 정도까지의 아이들이고, 그보다 나이가 많은 아이들은 경우에 따라 하루에 3번 하기도 한다. 한 세션이 끝난 후에는 최소한 2시간을 쉬어야 하기 때문에 하루에 3번 하는 훈련은 좀 바쁘다. 학교에 다니는 아이라면 아침에 한 번 해야 오후에 2번을 더해서 3번을 채울 수 있다. 하루에 3번 하는 스케줄일 경우에는 20일을 다 채우지 않아도 된다.

만 5세~7세는 10일은 2번씩, 나머지 10일은 3번씩 훈련하고, 만 7세 이상은 3번씩 훈련하는 경우가 많다. 스케줄은 나이에 따라 일률적인 것은 아니고, 아이의 발달상태나 건강상태 등을 고

려해야 한다. 발달상태가 매우 낮은 단계라면 3번씩 하는 스케줄이 좀 무리가 될 수 있다.

최소한 2시간은 쉬어야 한다는 말을 "훈련 간격이 2시간"이라는 말로 오해하기도 하는데, 정해진 간격은 없다. 하루 2~3회씩 15~20일간 하면 된다. 주의할 점은 전체 훈련기간인 20일 동안 중간에 쉬는 날이 있으면 안 된다. 훈련기간 중 피치 못할 사정이 있어 하루에 1번 정도 하는 날이 하루 정도 있을 수는 있지만, 이것도 그리 권장하지는 않는다. 중간에 쉬는 날이 있는 사람이라고 효과가 없는 것은 아니지만, 경험상 효과의 지속성이 다른 사람보다 못한 것 같았다. 후각훈련을 하기로 결정했다면 훈련기간은 특별한 사정이 없는 날로 정해야 한다.

후각훈련은 감각을 변화시키기 때문에 몸이 피곤할 수 있다. 후각훈련으로 감각이 재조정되고 재배치되면 지금까지 느끼지 못했던 감각들을 느낄 수 있다. 주위에 자기가 전혀 예상하지 못했던 갖가지 냄새가 있다는 것을 알아차리고, 새로운 소리가 들리고, 새로운 것이 보인다. 후각훈련은 후각뿐 아니라 촉각, 청각, 시각까지 재배열한다. 마치 한 번도 잡히지 않았던 텔레비전 안테나에 조금씩 신호가 잡히는 것과 같다. 차라리 한 번도 신호가 잡히지 않았다면 그냥 안 나오나보다 했을 텐데, 신호가 잡혔다 안 잡혔다 하면 훨씬 스트레스를 받는다. 안테나를 이리 돌렸다 저리 돌렸다 해야 하기 때문이다. 마치 와이파이가 잡혔다 안 잡혔다 하면 휴대폰 배터리가 빨리 없어지듯이 감각이 재조정되는 과정에는 체력적인 부담이 있을 수 있다.

여러 가지 명현현상도 일어난다. 명현은 몸에서 치유가 일어나는 과정에서 일어나는 '회복 가능한 부작용'으로 이해하면 된다. 명현과 부작용이 다른 점은 명현은 명현을 일으킨 어떤 '치유행동'을 계속 하더라도 시간이 지나면 없어지고, 부작용은 시간이 지날수록 심해진다. 그렇기 때문에 명현이 일어나는 것을 오히려 반기는 치유자들도 있을 정도이다.

개인적으로 명현도 "겪을만 해야 명현"이라는 말을 즐겨 쓴다. 너무 심한 명현은 고통의 정도가 부작용과 크게 다르지 않기 때문이다. 다행히도 후각훈련의 명현은 크지 않다. 일반적으로 가장 흔히 나타나는 명현은 잠을 많이 잔다는 것이다. 이런 명현 반응을 엄청 반가워하는 사람도 많다. 잠을 별로 안 자는 발달장애 아이들이 많기 때문이다. 실제로 후각훈련은 잠을 푹 자게 하는 효과가 많다. 감각이 예민하면 잠을 푹 자기 어렵기 때문이다. 잠을 잘 자는 방식으로 명현이 나타나면 좋은데, 몇몇은 잠이 확 줄어드는 반응을 보인다. 아무래도 잠을 잘자는 아이보다는 부모 입장에서 좀 피곤하다.

일반적으로 아이들은 약간 피곤해하지만, 어떤 아이들은 오히려 활력이 넘친다. 또 예전에 없어졌다고 생각했던 행동들이 나타나기도 한다. 흔히 상동행동이라고 불리는 행동들인데, 손을 흔든다거나 고개를 돌린다거나 하는 행동이 다시 나타나기도 한다. 좀 더 산만해지는 경향이 생기기도 한다. 이런 것들은 감각이 재배열되는 과정에서 나타나는 현상으로 보인다.

이런 현상들은 대부분 훈련의 날짜가 계속됨에 따라 없어지지만, 일부 아이들은 훈련이 끝난 후 한두 달 정도까지 가기도 한다. 명현이 누구한테나 일어나는 것은 아니다. 많은 아이들은 명현 없이 후각훈련을 한다.

후각훈련을 할 때, 일부러 아이의 주의를 돌리기 위해 텔레비전이나 오디오를 틀어 놓거나, 태블릿이나 스마트폰을 주거나, 노래를 부르거나, 책을 읽는 등의 행동을 하면 안 된다. 많은 자폐 아이들이 '세상과 단절하는 능력'이 뛰어나다. 자기가 좋아하는 행동이나 소리, 영상을 틀어주면 그속에 매몰되기 때문에 훈련 효과에 영향을 미칠 수 있다.

후각훈련에 집중할 필요까지는 없지만, 일부러 주의를 돌리기 위한 도구들을 사용해서는 안된다. 차분히 말을 걸어주면서 훈련하는 것이 가장 좋다. 훈련하다가 잠들어버리는 경우도 종종 있는데, 깨우면서 해야 한다.

많은 부모들이 본인의 자녀에게 훈련하기가 어려울 것이라고 예측하지만, 대부분 아이들은 후각훈련의 자극을 좋아한다. 하지만, 몇몇 아이들은 보조할 수 있는 어른이 필요할 수 있다. 너무 도망 다니면 훈련하기 어렵기 때문이다.

후각훈련을 하기로 결정했다면 아이와 하루 30분씩 2~3번의 시간을 갖는다고 생각하는 것이 좋다. 아이에게 눈을 맞추는 30분을 둘만의 행복한 시간으로 만들 수 있다.

후각훈련의 원칙과 제조원료

한동안 언론의 중심에 서 계셨던 침뜸의학의 대가 구당 김남수 선생님 강의를 들을 때, 선생님이 하셨던 말씀이 생각난다. 내가 배울 때만 해도 '아직' 80대셨는데, 이제는 백수를 넘기셨다. 선 생님은 여러 번 강조하셨다.

"의학은 병을 고치는 일이지 비법을 찾는 일이 아니에요. 남들 고치는 병은 남들 고치게 놔두세요. 남들 못 고치는 병 고치는 것이 진짜 치료자가 갈 길입니다. 나도 이 일을 해오면서 한때 비법을 찾아 해맬 때가 있었어요. 하지만 수십 년을 찾아다닌 끝에, 결국엔 이 방법을 여러분에게 가르치는 겁니다. 별의별 방법 안 해본 게 없어요. 비법은 없어요."

이렇게 말씀하셨지만 선생님은 당신이 발견한 '비법'을 후학들에게 전달했다. 그분이 주신 비법 아닌 비법은 다름 아닌 간단한 것이었다.

"침과 뜸을 같이 써라."

비법이라면 이게 비법이었던 것이다. 침뜸을 배운 이후 지금까지 선생님의 말씀을 잠깐 잊고 나름 새로운 방법을 찾는다고 별의별 방법을 다 배우고 써왔지만, 결국 침뜸에서는 선생님이 옳았다. 침과 뜸을 같이 쓰는 방법을 능가할 침뜸 방법은 거의 없었다. 그래도 '별의별' 방법을 시도해본 결과의 자투리는 남아서 어떤 특정한 병에는 다른 방식의 침뜸 치료가 더 효과적이라는 것을 찾아내기도 했다. 선생님의 한 문장짜리 비법을 흉내 내어 후각훈련의 비법을 한 문장으로 표현하면 다음과 같다.

"100개 이상 뿌려야 한다."

냄새물질이 어떤 것이든 100개 이상을 짧은 시간에 경험시켜야 한다. 20~30개 정도로는 안 된다. 최소한 100개는 넘어야 한다. 처음 개발과정에서 50~60개 정도로 훈련한 적이 있지만, 훈련의 효과는 100개 이상에 비해 매우 낮았다. 이 생각은 하늘에서 도깨비 방망이처럼 뚝 떨어진 것은 아니고, 지금까지 수없이 배운 자연의학과 그에 따른 임상경험과 여러 번의 실패에서 배운 것이다.

향이 강하면 효과가 좋을 줄 알고 향을 강하게 만들 필요는 없다. 에센셜 오일을 포함해 어떤 향이든, 향을 강하게 만들면 주로 물리적 자극이 주어지고 정신적 자극은 줄어든다. 물리적 자극이 커지면 부작용도 늘어난다. 특히 아토피성 피부염이 있는 아이이거나, 알레르기 물질에 민감한 경우, 생활향기와 인공향으로 만든 재료는 지양해야 한다. 어떤 재료이든 향이 나는 듯 안 나는 듯 만들어야 한다.

일단 향이 강하면 그 남아있는 향이 너무 세기 때문에 다음에 경험할 향에 간섭이 커진다. 이렇게 되면 경우의 수가 너무 많아져서 후각키트를 설계하는 데 무리가 따른다. 강한 향은 그것이 일반적으로 좋은 향으로 알려졌더라도 나쁜 감정을 일으킬 수 있다. 또, 너무 강한 향은 5번 뇌신경인 삼차신경을 활성화시킨다. 삼차신경이 활성화되면 일반적인 후각루트는 차단된다. 이런 이유로 후각키트는 약한 자극으로 이뤄져야 한다.

후각키트의 제조 원료

지금까지 실험했거나 사용한 재료는 약 1,000여 개 정도인 것 같다. 현재는 약 300여 종의 재료를 보유하고 있다. 700개 정도는

버린 셈이다.

소개하는 재료들 중 일부는 현재 후각키트에 쓰이지 않는다. 일부는 폐기했고 일부는 아직 사용해보지 않았다. 후각훈련 자체가 아직 미완성이기 때문에 완성해나가는 과정에서 검토해볼 만한 물질도 소개했다. 이 책을 보고 후각훈련을 연구해보겠다는 사람들을 위해 내 머리 속에 떠올랐던 거의 모든 물질과 방법을 망라하는 것이 좋다고 생각하기 때문이다.

현재 후각키트는 1번부터 160번까지 순서대로 배열되는데, 이 순서는 전문적인 향 평가와 직관에 의존하기 때문에 책에 설명하기 어렵다. 재료에 대한 설명은 객관적인 사실과 주관적인 견해의 혼합이기 때문에 각각의 전문지식과 다를 수 있다.

만약 후각훈련을 더 발전시키고 싶은 사람이 있다면 다음 설명이 지식보다는 '방향'을 공유하고자 한다는 것을 기억했으면 좋겠다. 세부 설명보다는 행간을 봐달라는 어려운 부탁을 하고 싶다.

에센셜 오일

제일 많이 쓰이는 재료는 아로마테라피에서 쓰이는 에센셜 오일이다. 그렇다고 후각훈련이 아로마테라피는 아니다. 후각키트의 오일 농도가 굉장히 낮아 아로마테라피적 관점에서는 치료 효과가 있을 수 없기 때문이다.

아로마테라피에서는 기본적으로 몇 가지 치료법이 사용된다. 캐리어 오일이라는 영양가와 치료 효용이 높은 식물성 오일에 치료용 에센셜 오일을 섞어서 바르거나, 아로마 램프에 오일을 넣고 발향시키거나, 습포를 하거나, 더운 물에 섞어서 냄새를 맡는 방식 등이 주로 쓰인다. 제한적이긴 하지만, 일부 질병에는 복용법을 쓰기도 한다.

에센셜 오일 중 몇몇은 피부를 민감하게 하거나 독성이 있다. 신생아나 임산부가 써도 안전하다고 알려진 라벤더 오일도 과량 사용하면 몸이 덜덜 떨리거나 갑자기 추워지는 등의 부작용을 겪을 수 있다. 에센셜 오일은 식물의 뿌리나 껍질, 줄기, 잎, 꽃, 열매 등의 부위에서 얻어낸 오일이다. 꽃으로 만드는 오일들은 5ml 정도의 오일을 만드는 데 트럭 한 대분의 꽃도 모자라는 경우가 있다. 고도로 농축된 물질이라는 이야기이다. 고도로 농축된 물질은 그것이 식물에서 유래했든, 동물에서 유래했든, 화학물질에서 왔든 어떤 사람에게는 별난 반응을 유발할 수 있다. 그렇기 때문에 후각키트를 만들 때는 농도에 특히 유의해야 한다. 특정 오일은 아주 적은 양으로도 트러블을 일으킬 수 있기 때문에 만들기 전에 최소한의 아로마테라피 지식을 쌓아야 하는 것은 기본이다.

일반적으로 아로마테라피에서는 한 가지 오일이 단독으로 쓰일 때보다 몇 가지나 여러 가지 오일을 섞어서 쓴다. 후각훈련에서는 가능한 서로 다른 오일을 섞지 않는다. 현재 훈련에 사용되는 후각키트는 160개인데, 각각의 키트는 모두 단일한 물질이다. 단일한 물질이라는 표현은 화학적인 묘사가 아니다. 장미향 하나에도 수십 개에서 수백 개 이상의 화학물질이 있기 때문이다. 향수산업에서는 화학적으로 쪼갤 수 없는 수준까지 쪼갠 것을 단일향이라 부른다. 후각키트 재료에서 단일향은 이런 화학적 개념이 아니라 천연물질을 뜻한다. 대부분 후각키트는 한 가지 자연물질로 만들어진다. 주로 에센셜 오일이 쓰이지만, 치유 효과가 있는 식물성 오일이나 에션셜 오일을 제조하는 과정에서 얻어지는 플로럴 워터가 쓰일 때도 있다.

후각훈련은 단순히 향을 경험시키는 것이 아니며, 아로마테라피도 아니다. 아무래도 아로마테라피 지식을 가지고 있으면 후각훈련의 접근성이 좀 더 좋을 수는 있지만, 아로마테라피로 접근하면 후각훈련은 방향을 잃고 미로에 빠질 수 있다. 물론 몇 가지를 블랜딩하거나 아이의 특성에 맞는 향을 골라 치료적으로 쓸 수 있다. 일부 아이들에겐 특정 에센셜 오일이 치료적으로 적합하여 몇 가지 아로마만으로도 효과를 보인다. 아이에게 어울리는 아로마 오일을 찾아서 그것을 테라피적으로 접근하고자 하는 사람은 아로마테라피 전문가의 도움을 받거나, 스스로 공부를 많이 해야 한다.

오일의 특징에 대한 세부 설명은 정신적인 부분에 초점이 맞춰져 있다. 일반적인 아로마 서적에서 찾아볼 수 있는 물리적인 효과는 소개하지 않았다.

아래 세부 설명에는 정신적 효과에 대한 단정적인 표현이 많다. 요약된 형태로 서술된 이유도 있고, 일부러 그렇게 쓴 이유도 있다. 너무 많은 정보보다는 간결한 정보가 어떤 '깨달음'을 제공할 수 있기 때문이다. 오일의 설명은 과학적으로 입증된 것이 아니라 전통적으로 내려온 견해와 문헌에 기록된 견해를 저자의 개인적 관점에 따라 편집하고 축약한 것이어서 일반적 관점과 다를 수 있다. 그런 이유로 이 설명을 다른 종류의 아로마 치료에 적용하는 것은 신중해야 한다.

• **갈란갈** Galangal

믿음이 없는 사람에게 유용하다. 너무 삶에 진지할 때, 사물을 시니컬하게 볼 때 재미와 신뢰를 알게 한다.

- **갈릭** Garlic

  외부공격에 대해 평화롭게 대처하도록 돕는다. 반격을 하거나 희생자가 되지 않아도 문제를 풀 수 있다는 것을 알게 한다.

- **갈바넘** Galbanum

  신경질적이고 감정이 왔다갔다하는 사람에게 유용하다. 어려운 일에 부딪혀서 어디로 갈지 모르겠다는 생각이 들 때 중심을 잡아주고 참고 견디게 해준다. 문제에 집중할 수 있게 해준다.

- **걸점** Gurjum

  최악의 상황을 겪고 있을 때, 그런 상황이 자신을 파괴할 것만 같을 때 그것을 다룰 수 있게 돕는다. 고통스런 상황에서 고통을 직시하게 하여 상처를 줄인다.

- **골든로드** Goldenrod

  별로 중요하지 않은 일에 주의를 기울이느라 너무 스트레스가 많은 사람에게 쓴다. 모든 것이 걱정투성이인 사람에게 해피엔딩으로 삶이 끝날 거라는 긍정적 시각을 제공한다.

- **구아익우드** Guaic Wood

  '인생 참 개 같다'라고 정의하는 사람에게 쓴다. 사랑도 없고, 실망과 좌절로 가득 차 보이던 세상에 사랑할만한 것들과 행복한 것들이 많다는 것을 가르친다.

• 그레이프프루트 Grapefruit

스트레스를 먹는 것으로 푸는 사람을 위한 오일이다. 즐거
움이 사라진 것 같은 느낌, 지루하고 우울한 느낌, 좀처럼
웃을 일이 없는 사람에게 삶의 재미를 찾도록 돕는다. 즉각
적인 만족을 바라는 사람에게는 조급증을 완화한다.

• 그린페퍼 Green Pepper

진지함에 사로잡혀 웃지 않는 사람을 위한 오일이다. 너무
진지하고 웃으면 놀림 받을 것만 같아서 자신의 감정을 꾹
눌러놓는 사람에게 웃음을 돌려준다.

• 너트먹 Nutmeg

신경질적이고, 불안하고 스트레스 받고, 긴장하고 혼란스러
울 때, 고요하고 집중할 수 있게 하여 균형 잡힌 시선을 갖
게 한다. 가슴과 머리가 같이 일하게 돕는다.

• 네롤리 Neroli

실수할 것 같은 불안감에 쓰인다. 우울증의 효과적인 치료제
이다. 표현되지 못한 분노와 무의식적인 적대감을 의식적으
로 인식하게 하여 해결한다. 정신적인 문제로 일어난 통증에
효과적이다.

- 니아울리 Niaouli

  나무보다는 숲을 보도록 도와주어 좀 더 높은 목표에 집중
  하도록 돕는다. 이 오일은 과거의 기억을 치유하고, 미래에
  대한 낙관적인 관점 형성에 도움을 준다.

- 다미아나 Damiana

  오직 좋고 아름다운 것만 보려는 사람에게 쓴다. 사람이나
  사물의 어두운 면을 일부러 외면하고 자기에게 일어난 나쁜
  일조차 제대로 보지 않으려는 사람에게 유용하다. 나쁜 일
  은 좋은 사람에게도 일어나고, 나쁜 일이 일어났다고 자기
  가 벌을 받는 것은 아니라는 것을 알게 한다.

- 다바나 Davana

  "이제 벽을 부술 시간이다!" 자기 한계를 극복하고 싶은 사
  람에게 어울린다. 모르는 것에 대한 두려움, 능력 없다는 생
  각 등의 한계에 갇혀있는 사람에게 한계의 끝을 보겠다는
  용기를 불러일으킨다.

- 딜 Dill Seed

  활력의 상징이다. 일이 너무 많고, 감정적 노동도 너무 심한
  이유로 삶을 즐기지 못하는 사람에게 추천된다. 죽도록 일
  하는 동안 재미라는 것이 완전히 사라진 것 같을 때, 일의
  재미를 알게 한다.

- **라반딘** Lavandin

  어린아이처럼 천진난만하게 즐기고 싶을 때 쓴다. 항상 투쟁하듯이 삶을 살아왔던 사람에게, 노는 것에 어떤 죄책감을 가진 사람에게 재미를 알게 한다.

- **라벤더** Lavender

  흥분되거나 화가 났을 때는 감정을 가라앉히는 역할을 하고, 우울하거나 슬플 때는 정신적으로 각성하게 한다. 안정시키고 휴식시키는 성질은 영적 각성에도 유용하다. 정해진 시간에 일을 마치지 못할까봐 전전긍긍할 때 받는 스트레스를 줄인다. 정신없는 상황에서도 잠시 휴식을 취할 수 있는 여유를 준다. '조화와 균형'을 의미한다.

- **라벤사라** Ravensara

  세상을 통제하거나 자신을 보호하기 위해 공격성이 필요 없다는 것을 알게 한다. 경쟁상대를 다시 일어나지 못할 정도로 짓밟아야 한다는 생각을 할 정도로 공격적인 경쟁심을 가진 사람에게 적을 명예롭게 하는 사람이 스스로도 명예로울 수 있다는 것을 알게 한다. 과도한 공격성을 다스린다.

- **라우엘** Laurel

  자존감이 부족하여 자기 능력을 의심하는 사람에게 적합하다. 오랫동안 사랑 받고 사랑한 일이 없는 사람에게 사랑할 수 있다고 가르친다. 집중력과 기억력 부족에 사용할 수 있다.

- **라임** Lime

  접촉이 그리운 사람에게 쓴다. 뭔가 돌봄을 받고 싶은데 의지할 사람이 없다고 느낄 때 스스로 돌볼 수 있음을 가르친다. 힘을 빼고 기다릴 수 있게 한다.

- **레몬 버베나** Lemon Verbena

  오랫동안 자기가 원하지 않은 삶을 살아왔고, 지금도 그런 과거에 얽매인 사람에게 자기 인생의 창조자는 바로 자신이라는 것을 일깨운다. 작은 즐거움을 알게 돕는다.

- **레몬** Lemon

  너무 이성적인 사람에게 권해진다. 자기와 다른 사람의 느낌에 무관심하고 항상 진지한 사람은 자기와 타인에 대해 좋은 느낌이나 나쁜 느낌이 일어났을 때 불안감이 일어날 수 있다. 느낌을 세심하게 알게 되어 공감적 반응이 늘어난다. 다른 사람과의 관계에서 혹시 자기를 잃어버리지 않을까 걱정하는 사람에게 두려움을 줄이고 마음을 열도록 돕는다.

- **레몬그라스** Lemongrass

  감정적으로 치우쳐 있는 상황에서 이성적이고 논리적인 사고가 필요할 때 유용하다. 월요일에 학교나 직장에 가기 싫거나 아침에 이불 속에서 나오기 싫은 것과 같이 어떤 일을 새로 시작하기 귀찮아하는 사람에게 도움을 준다. 집중력을 높이기도 한다.

- **로즈** Rose

자신의 신체적인 조건뿐 아니라 성격 등도 마음에 들지 않는 사람들을 위한 오일이다. 낮은 자기 이미지로 인한 자기 파괴적인 성향을 다스린다. 원하는 것을 갖지 못한 데 대한 실망, 좌절 등에서 나오는 깨진 유리 같은 상처를 부드럽게 다듬어준다. 마음을 가라앉히는 데 효과적이다. 자기 사랑의 상징이다.

- **로즈마리** Rosemary

모든 일에 무감각하고 차갑고 쇠약한 사람에게 어울리는 오일이다. 기억력도 없어지고 의욕도 없는 사람에게 활력을 준다. 젊음과 기쁨을 상징한다.

- **로즈우드** Rosewood

눌리는 느낌, 답답한 상황, 갇혀있는 느낌에 쓰인다. 상처 받을까봐 새로운 변화를 받아들이기 어려워하고 현재 고통을 참아내는 것을 선택할 수도 있다. 이럴 때, 오일은 잘못된 부분을 스스로 용서하고 치유하려는 용기를 불러일으킨다.

165

- **로터스** Lotus

지금 겪고 있는 일이 내가 저지른 일 때문에 벌 받는 것이라고 느끼는 사람을 위한 오일이다. 괴로운 상황을 고통스럽지 않게 인식하도록 돕는다.

- **록로즈** Rock Rose

정신적으로 큰일을 겪은 후에 일어나는 삶의 공허감, 감정적인 마비 등에 추천된다. 폭풍의 눈에 있는 것처럼 고요하지만 언제든 폭풍이 몰아치는 것처럼 감정을 겪는 사람에게 유용하다. 영적인 경험을 현실적으로 받아들이게 한다.

- **루** Rue

사기를 당했거나 쇼크를 받았을 때 쓴다. 매사에 의심이 많고 좋은 면은 보지 않는 사람에게 세상의 양면성을 알게 한다.

- **마누카** Manuka

오래된 마음속 상처를 다스린다. 이런 표현되지 못한 감정적 찌꺼기들로 인해 나타나는 소화불량이나 알레르기 등을 다스린다. 단순한 것에 대한 즐거움을 회복한다.

- **마소이아** Massoia

내 안에 있는 공격성을 받아들이게 한다. 공격성은 내재한 본성이고 다른 사람을 해치지 않으면서 쓸 수 있다는 것을 알게 한다. 약하고 작아졌을 때 강한 자신감을 갖게 한다.

- **마조람** Marjoram

  집착에 쓰인다. 어떤 이해할 수 없는 일이 벌어져서 거기에 몰두하느라고 집착이나 강박이 나타났을 수 있다. 그런 이유로 관계가 멀어지고 외롭고 슬픈 상황에 몰렸을 것이다. "누구도 나에게 관심이 없다"라는 감정적 박탈감과 지나친 욕구를 순화시킨다. 많이 사용하면 감정에 둔해질 수 있다.

- **만다린** Mandarin

  활동이 지나치게 과다하고 안절부절 하는 아이를 진정시키는 데 쓰인다. 가족문제에서 기인하는 각종 심리적 문제를 다룬다. 갑자기 화가 났다가 웃다가 하는 식으로 들쭉날쭉한 감정문제를 스스로 인식하는 데 도움을 준다.

- **매그놀리아** Magnolia

  외모에 대한 불만을 다스린다. 자기가 매력 없고 추하다고 느끼는 것은 상업적 미디어에 의해 만들어진 거짓 이미지라는 것을 알게 한다. 자신의 아름다움을 발견하게 한다.

- **머틀** Myrtle

  중독적인 성향에게 권장된다. 남들에게 인정받지 못했다는 이유로 화에 휩싸여 있거나 그런 이유로 술, 담배, 약물 등을 이용하는 사람에게 유용하다. 남들에게 오만하거나 우월적 태도를 보이는 것은 자기 약점을 들킬까봐 두려워하는 데서 나온다는 것을 알게 한다. 시원한 산들바람이 불고 높고 맑은 하늘로 소풍가는 것 같이 중독에서 벗어나 새로움을 찾는 데 도움이 된다. 머릿속에서 누군가 계속 지껄이는 듯한 느낌을 받을 때 써도 된다.

- **멀** Myrrh

생각과 걱정이 너무 많아 산만한 경향이 있는 사람에게 유용하다. 감정적으로 갇혀 있는 느낌, 세상일에 꽉 매여 벗어날 수 없을 것과 같아서 다른 사람과 관계문제가 발생할 때도 쓰인다. 마음 깊은 곳까지 도달해 물질적인 존재 양상을 뛰어넘는 변화를 가능하게 한다. 나는 이 세상에 혼자 살고 있지 않다는 것을 깨닫게 한다.

- **메이창** May Chang

다른 사람과 떨어져 있고 모든 일에 냉담한 사람에게 사람과 환경에 대한 친밀감을 불러일으킨다. 쉽사리 다른 사람과 친해지기 어려울 때 먼저 다가가게 한다.

- **멜리사** Melissa

호흡이 불안하고 심장이 뛰는 것과 같이 지나친 긴장에 쓰인다. 두려움과 맞서게 하고, 지난 일에 대한 후회를 다스린다. 불길한 예감 때문에 지레 불안에 떠는 사람들에게 유용하다.

- **무후후** Muhuhu

  지금까지 인생이 낭비였다는 생각을 다스린다. 단점도 자신
  모습의 일부라는 것을 알게 한다. 자기 영역과 힘을 명확하
  게 알게 한다.

- **미모사** Mimosa

  지난 인생에서 겪은 상처들 때문에 세상에서 물러나서 자기
  세상에 갇혀 있는 사람에게 쓴다. 여전히 세상은 상처투성
  이일지도 모르지만, 그 느낌에 압도당하지 않게 도와준다.

- **바이올렛** Violet Leaves

  스스로나 타인에게 감정적 공격을 심하게 퍼붓는 사람에게
  부드럽고 관대한 관점을 갖게 한다. 어떤 것이든 좀 과하다
  싶게 행동하는 사람에게 수동적인 것도 나쁘지 않다는 것
  을 알게 한다. 수동은 약한 것이 아니라 때론 능동보다 강
  하다는 것을 배우게 돕는다.

- **바이텍스** Vitex

  폭식, 거식, 폭음, 과격한 감정 등 깊은 곳에 숨겨진 욕망을
  일그러진 방법으로 풀어내는 사람에게 유용하다. 이런 방법
  은 대부분 무의식적인데, 오일은 자신의 숨겨진 욕구를 제
  대로 파악하게 한다. 과격한 자기 혹사 없이 욕구를 채울
  수 있음을 배우게 한다.

- **바질** Basil

  외로움에 처방된다. 세상과 소통하는 방법을 쉽게 한다. 모든 것이 자기 책임이라는 자책감에서 벗어나게 돕는다. 즐겁고 기쁘게 만드는 성질이 있어 걱정 많은 사람에게 좋다.

- **발레리안** Valerian

  살아남지 못할까봐 하기 싫은데도 일을 멈출 수 없을 때, 피곤해도 잠이 안 올 때 휴식이 필요하다는 것을 인식하게 한다. 생존 이슈가 모든 일의 동기인 사람에게 생각보다 세상이 안전하다는 것을 알려준다.

- **버가못** Bergamot

  경쟁적인 성격, 타인에게 가슴을 열지 못하는 사람에게 권장된다. 이런 성향으로 생긴 억압된 감정을 배출하는 데 도움이 된다. 긴장을 푸는 동시에 포기할 것은 포기할 수 있게 한다.

- **베이** Bay

  자기에게 어떤 권한도 없는 것 같은 느낌, 누군가에게 조종받는다는 느낌을 가질 때가 있다. 여기서 기인하는 고뇌로부터 벗어나게 도와준다. 자기가 가진 힘을 믿지 않는 사람들을 위한 향이다.

- **베티버** Vetiver

  끊임없이 완벽해지려는 성향으로 지나치게 활동적인 정신을 이완한다. 신체적, 정신적인 과로에 안정감을 회복하게 한다. 주변 환경에 관심이 없고 공상적인 일에 몰두하는 사람에게 유용하다.

- **벤조인** Benzoin

  너무 슬플 때 쓴다. 숨쉬기 힘들 정도로 큰 상실을 겪을 때, 인생에는 크고 작은 상실이 존재하는 것이 당연하다는 것을 알게 한다. 신체적, 정신적으로 변화가 심하여 안정감이 필요할 경우, 날카롭게 선 마음을 부드럽게 한다. 영적인 여행을 추구하는 사람에게 추천된다.

- **블랙페퍼** Black Pepper

  뭔가 열심히 했지만 어딘가에 빠진 것 같은 진퇴양난의 상황에서 앞으로 나아가도록 돕는다. 할 수 있는 한 최선을 다하게 도와준다.

- **사이프러스** Cypress

  결혼, 이혼, 사별, 이별, 이직, 입학, 졸업 등 인생의 크고 작은 변화의 시기에 쓰는 오일이다. 어떤 일을 관둬야 할지도 모르고, 이별이나 새로운 만남이 기다리고 있을지도 모른다. 선택한 일도 있을 것이고 선택할 수 없는 일도 있을 것이다. '어떤 일이 일어날지 모르지만 해낼 수 있을 것이다' 라는 강한 내적 확신을 불러일으킨다. 받아들일 것은 받아들이고 포기할 것은 포기할 수 있도록 돕는다.

- 샌달우드 Sandalwood

계속 지껄이는 사람에게 유용하다. 고요를 참을 수 없어서 그냥 떠들고, 혼자 있는 것을 싫어하지만 남들과도 관계가 좋지 않은 외톨이들에게 권장된다. 자기 인생에 대해 책임지고 남의 말을 잘 들을 수 있게 돕는다. 끊임없이 생각하고, 걱정하고, 세속적으로 지나치게 집착하는 사람에게 유용하다.

- 샐러리 Celery

고래 싸움에 새우등 터지는 상황처럼 감당하기 어려운 힘 사이에 끼어 오도 가도 못할 때 그 힘을 중재할 수 있도록 돕는다. 논쟁 상황에서 효율적인 의사소통을 돕는다.

- 세이보리 Savory

실패와 포기에 쓴다. 완전히 소진됐다는 생각 때문에 더 이상 한 발짝도 앞으로 나갈 수 없을 때 평화로운 느낌을 갖게 한다. 실패와 포기를 낳게 한 여러 요인에 대해 용서할 수 있게 돕는다.

- 세이지 Sage

축 처지는 느낌을 다스린다. 정신적인 이유로 일어난 소화

문제를 다스린다. 사랑하는 사람의 상실을 겪을 때, '인생은 오고 가는 것이다. 사랑도 오면 가는 것이다'라는 사실을 알아차리게 한다. 감정적 위기를 이성적으로 해석할 수 있게 도와준다.

- 세인트존스워트 St. John's Wort

  어떤 신체적인 일이나 정신적인 일로 극단적인 압박을 받을 때 자유로움을 선물한다. 어디에 얽매여서 원하지 않는 일을 한다고 느낄 때 압박감을 줄인다.

- 스파이크나드 Spikenard

  무엇이 옳은 건지 모르겠다는 혼란 상황에 쓴다. 어떤 상황, 사건, 사람에 대한 용서를 쉽게 한다. 새로운 목적을 찾을 때 두려움을 줄이고, 선택한 길에 헌신하게 돕는다.

- 스프루스 Spruce

  직관적인 선택에 대한 두려움을 해소한다. 하고 싶은 일을 하고 싶은데, 위험부담 때문에 망설일 때 저지를 수 있는 용기를 준다.

- 스피아민트 Spearmint

  정신적 피로, 스트레스, 우울감에서 벗어나게 한다. 정신적인 여유를 갖고 싶지만 바쁘게 사느라 시간을 내지 못했던 사람에게 텔레비전과 컴퓨터, 휴대전화를 끄고 세상 소음으

173

로부터 멀어질 수 있는 기회를 제공한다.

- **시나몬** Cinnamon Bark

  좋은 사람 콤플렉스 때문에 화를 내지 못하는 사람에게 유용하다. 표현하고 싶은데, 어딘가 꽉 막혀있는 느낌이 날 때가 있다. 이것을 풀기 위해 화를 내면 다른 사람에게 상처를 줄지도 모른다는 두려움이 앞서는 사람에게 느낀 그대로 감정을 솔직하게 표현할 수 있게 도와준다.

- **시더우드** Cedarwood

  어려운 상황에서 지치고 힘들 때 "지금은 포기할 때가 아니야!"라는 확고한 의지를 갖게 해준다. 의심하는 마음을 가라앉히고 자신감을 갉아먹는 환경에도 긍정적인 시선을 보내게 된다. 어려운 상황을 삶의 경험으로 이해하도록 도우며, 상황을 통제할 수 있다고 생각하게 한다. 외국이나 낯선 환경에서 불안정하다고 느낄 때 도움이 된다.

- **시트로넬라** Citronella

  생존이라는 단어에 집착해서 살아가는 사람에게 즐겁고 신선한 느낌을 부여하여 살아있다는 것만으로 행복할 수 있다는 생각이 나도록 도와준다.

- **아미리스** Amyris

  확장이라는 키워드를 가지고 있다. 불확실한 미래에 대한 두려움에 대해 적절하게 반응할 수 있게 한다. 집을 떠나가거나, 부모가 되거나, 직업을 바꾸거나 하는 주요 변화의 시기에 쓴다.

- **아조완** Ajowan

너무 일이 버거워서 당장 쓰러질 것 같지만 도움을 요청할 사람도 없다고 생각될 때 쓴다. 이 오일은 주위에 도와줄 사람이 생각보다 많다는 것을 깨닫게 한다. 포기하고 싶을 때 용기를 준다.

- **안젤리카** Angelica Root

다른 사람에 대해 신경을 많이 써서 피곤할 때 안정감을 준다. 신체적으로 약해진 이유 때문에 정신적으로도 약해졌을 때 활력을 준다. '결정장애'를 겪을 때, 스스로 할 수 있다는 생각을 불러일으킨다. 변화를 받아들이게 돕는다.

- **아니시드** Aniseed

"왜 하필 나한테 이런 일이 일어났지?"와 같은 질문이 있을 때 답을 찾는 데 유용하다. 인생에는 좋은 일뿐 아니라 나쁜 일도 존재한다는 것을 인정하게 한다. 어떤 나쁜 일이 벌어졌을 때 그것을 긍정적인 생각으로 인생의 교훈이나 경험으로 받아들이게 돕는다.

- **야로** Yarrow

  스스로 너무 작아 보일 때, 아무 것도 해낼 수 없을 것 같을 때, 자기 의지에 반해 뭔가 해야 할 때 생기는 억압된 분노를 해소한다. 약점을 가리고자 쉽게 공격적으로 변하는 사람들을 위한 오일이다. 억압된 감정을 스스로 다독이게 돕는다.

- **어니언** Onion

  권위에 의한 폭력이나 억눌림 때문에 생긴 분노를 다스린다. 분노를 잠재우는 것이 아니라, 세상에는 악이 존재한다는 것을 이해하게 한다. 평화롭게 분노를 표현하는 방법을 배우게 한다.

- **에로멘스** Eromenth

  마음이 텅 비어있는 느낌이다. 뭔가 주위에서 계속 일어나지만 별로 신경 쓰고 싶지 않다. 가고 싶은 곳도 없고 가고 싶지도 않다. 이런 감정을 가지고 사는 사람에게 목적을 일깨우고 삶의 의미를 찾게 돕는다.

- **엘레미** Elemi

  가능성을 찾고 있는 사람에게 유용하다. 자신에 대한 가능성을 탐색해야 하는 어떤 변화의 시기에 마음을 안정시켜 변화를 쉽게 겪게 해준다.

- **오레가노** Oregano

공격적인 패턴을 가지고 있는 남성성 우위의 사람에게 부드러움을 전달해준다. 자기 안의 괴물을 다스릴 수 있게 돕는다.

- **오렌지** Orange Sweet

다른 사람의 도움이나 충고를 받기 싫어하는 사람들을 위한 오일이다. 다른 사람이 열심히 일하지 않는다고 불평하고 조그만 실수도 용납하지 않는 사람에게 웃는 방법을 가르친다.

- **오포파낙스** Opopanax

무책임한 결정에 대해 일깨워서 방향 감각을 찾아준다. 그리고 선택에는 책임이 따른다는 것을 가르친다. 선택의 의미를 일깨운다.

- **올스파이스** Allspice Berry

다른 사람이 한 이야기 때문에 화가 날 때 쓴다. 다른 사람의 비난에 대해 어떻게 상처받았는지 솔직하게 이야기하도록 돕는다.

- **웜우드** Wormwood

자기에 대한 믿음을 잃어버렸고, 관계는 원하는 대로 되지 않고 실수투성이고, 자기 표현도 서툰 사람에게 자기와 인생을 책임질 수 있다는 용기를 불러일으킨다. 혼자 있어도

외로움이 덜하고 자기에게 솔직해진다.

- **윈터그린** Wintergreen

심장이 딱딱해져서 움직이지 않는 듯한 무감정 상태에 쓴
다. 이 증상은 주로 남들에게 상처를 받았을 때 생기는데,
상처 받고 싶지 않아서 감정을 포기한다고 볼 수 있다. 상처
를 허락하고 딱딱해진 가슴을 부드럽게 한다.

- **유칼립투스** Eucalyptus

지나치게 신중하여 자신의 가능성을 시험해보기 어려워하
는 사람에게 나무가 아니라 숲을 바라보게 하여 사명을 인
식하게 돕는다. 꽉 막힌 것 같은 답답한 상황에 붙잡혀있다
고 느끼는 사람에게 큰 그림으로 볼 수 있게 해준다. 좋은
날이 올 거라는 긍정적인 사고를 유지할 수 있게 한다.

- **이리저런** Erigeron

항상 부정적인 감정이 가득 찬 사람에게 긍정적인 감정을
불러일으킨다. 매사에 시큰둥하고, 공격적인 대립을 일삼
고, 그러면서도 하기 싫다고 이야기하지도 못하는 실패감에
빠져있는 사람에게 긍정의 힘을 가르친다. 나쁜 일이나 하기
싫은 일이 궁극적으로 인생의 경험으로 훌륭한 밑천이 된다
는 것을 이해하게 한다.

- **일랑일랑** Ylang Ylang

  정신적 충격으로 인한 심장, 호흡 문제에 쓰인다. 감정적으로 흥분한 상태, 심리적인 압박감으로 인한 두려움을 부드럽게 완화해준다. 우리말로 '일랑일랑'은 뭔가 흔들리는 것 같은 느낌을 주는데, 이렇게 흔들리는 상황에서 중심을 잡게 해준다고 기억하면 좋다. 즐거움을 표현하고 느끼는 것은 자연스럽다는 것을 가르친다.

- **자스민** Jasmine

  감정을 다스리는 강력한 효과가 있다. 편안한 느낌을 주기 때문에 불안, 초조 등과 같은 증상을 다스린다. 우울한 기분을 날려버린다. 다른 사람이 어떻게 생각하든 자신의 모습을 편안하게 느끼게 한다. 신체적 아름다움을 인식하도록 하고, 창조성을 고양한다.

- **제라늄** Geranium

  감정과 느낌을 부정하고 이성과 추진력만을 가진 사람에게 알맞다. 이런 사람은 초조한 느낌, 결벽증처럼 완벽한 느낌에 지배되는 경우가 많다. 감정을 예민하게 자각하게 함으로써 사람들과 친밀한 의사소통을 가능하게 한다.

- **주니퍼베리** Juniper Berry

  부끄러움이나 실패했던 과거 때문에 사람이 꺼려질 때 자신감을 회복하게 해준다. 어려운 상황이나 갈등은 일단 피하고 보는 사람에게 자기 확신과 열정을 부여한다. 새로운 상황에 대한 껄끄러운 느낌을 줄인다.

- 진저그래스 Ginger grass

'직업이 곧 나'라는 생각은 환상이다. 직업이 없어지면 자기가 없어질 것 같은 생각은 미디어나 세상이 만들어놓은 덫이다. 멈추고 쉬기 어려울 때 가만있는 것만으로도 행복할 수 있다는 것을 가르친다. 일에 치여 쓰러질 것 같을 때 내면의 목소리를 듣도록 한다. 아무것도 할 필요 없다는 이치를 알게 한다.

- 진저 Ginger

명확한 계획이나 의도를 가지고 있으나 추진력이나 낙관성이 부족하여 행동으로 옮기지 못하는 사람들에게 유용하다. 일을 자꾸 연기하고 타인이 자기를 자극해주기를 기다리거나, 뭔가 계속 지속하기가 어려울 수도 있다. 이런 사람들에게 의지와 추진력을 준다.

- 참파카 Champaca Leaf

나에게 일어난 일에는 모두 이유가 있다는 것을 이해하게 한다. 그런 것들이 나한테 아무 쓸모없이 느껴지더라도 큰 관점에서 보면 모든 경험은 가치 있었다는 것을 알게 한다.

모든 것에 감사하는 마음을 갖도록 돕는다.

- **카누카** Kanuka

자기 몸에 너무 무관심한 사람에게 쓴다. 너무 한쪽 방향으로 자기를 밀어붙이느라 경고반응이 오는데도 건강에 신경 쓰지 않는 사람에게 느리게 사는 행복을 가르친다.

- **카다멈** Cardamon

나태해졌을 때는 집중하도록 돕고 긴장해 있을 때는 이완하도록 한다. 너무 책임감에 휩싸여서 약해지고 있는 자신을 발견하게 돕는다. 이뤄내지 못할 것 같은 두려움에 열정을 불러일으킨다.

- **카렌둘라** Calendula

엄한 환경이나 기타 이유로 목이나 입에 감정이 막힐 때 쓴다. 뭔가 말하고 싶은 것이 있는데 말을 하지 못해 끙끙 앓는 사람에게 더 이상 숨을 필요가 없다는 것을 알게 한다. "이제 말할 시간이다."

- **카모마일** Chamomile

성공을 위해 자신을 과하게 통제하는 사람들을 위한 오일이다. 성격이 급한 사람, 화를 잘 내는 사람에게 유용하다. 욕구불만인 상황을 잘 견뎌내게 하고 만족이라는 것을 가르친다. 자신의 한계를 인정하고 타인의 도움을 즐거운 마음으로 받게 한다. 저먼 카모마일은 성격적인 이유에 쓰고, 로먼 카모마일은 환경적 스트레스 상황에 쓴다. 수용을 상징한다.

- **카브르바** Cabreuva

자기가 가진 것에 대해 부끄러워하는 사람에게 앞으로 훌륭한 사람이 될 수 있다는 것을 알려준다. 100% 완벽한 인생을 사는 사람은 없다는 것을 일깨워서 과거에 집착하지 않고 미래로 발 딛도록 도와준다.

- **카시아** Cassia Bark

다른 사람을 통제하는 수단으로 분노를 이용하는 사람들에게 적절하다. 일이 마음대로 되지 않을 때 다른 사람에게 화를 내고, 누군가 그것을 말리려고 할 때 더 화가 난다면 타인과 협력하기 힘들게 된다. 오일은 적절하게 분노를 표현하는 방법을 알게 한다.

- **카주풋** Cajeput

죄책감, 부끄러움으로 생긴 불안과 분노를 다스린다. 즐거운 경험을 찾고 과거의 상처를 이해하게 돕는다.

- **칼라무스** Calamus Root

부끄러움, 자책이 자신의 주요 감정인 사람에게 쓴다. 나쁜 일이 일어났을 때, 자기만의 책임인 것처럼 자책하는 사람에게 실질적인 해결방법을 생각하게 한다. 경험에서 배울 수 있게 돕는다.

- **캄파** Camphor

  욕구가 해소되지 않을 때 음식이나 술, 담배, 나쁜 건강습
  관 등의 집착이 생기는 사람들에게 유용하다. 신체를 혹사
  하는 급격한 감정을 완화시킨다. 의료사고 등의 트라우마에
  도 쓰인다.

- **캐러웨이** Caraway

  불안정한 정서적 환경에서 자란 사람에게 어울린다. 어릴
  때 불안정함은 무의식에 남아있어서 친밀한 상황을 피하게
  된다. 관계가 계속 지속될 수 있을지 끊임없이 의심하는 사
  람에게 변덕스런 마음을 가라앉히고 확신을 갖게 한다.

- **캐롯시드** Carrot Seed

  현실이 자기의 경험과 생각에 맞지 않을 때가 있다. 다른 사
  람에게 의존하는 경향이 있어서 결정이 더욱 어려워진다.
  이런 혼란스러운 상황에서 좀 더 객관적으로 현실을 보게
  한다. 다른 사람의 눈이 아닌, 내면의 목소리에 귀를 기울이
  고 그것에 따라 결정하게 돕는다.

- **커민** Cumin Seed

  '나는 더러워!'라는 느낌을 받을 때 쓴다. 신체적, 감정적, 정
  신적으로 난타 당했을 때 무력감이 들고, 세상이 무섭고 물

러나는 일은 당연한 일이다. "나를 건드리지 마!"라고 이야기하며 세상과 단절하려는 사람에게 여유를 선물한다.

- **케이드** Cade

신체적 장애에 대한 비탄에 쓴다. 공포감 없이 두려움 없이 몸을 받아들인다. 장애는 누구나 언제든 가질 수 있다. 이 몸으로도 안전하고 재미있게 세상을 살 수 있다고 가르친다.

- **코리앤더** Coriander

자기가 너무 평범하다는 생각이 날 때 쓰면 좋다. 가치 없다는 생각, 왜 이 세상에 왔을까 라는 회의감 등을 다스린다. 예측가능한 일과 규칙적인 일에 어려움을 느끼는 복잡하고 창의적인 사람들에게 어울린다.

- **코스투스** Costus Root

"어려움은 인생의 선물이다"라는 것을 깨닫게 한다. 자신의 이미지가 마음에 들지 않고, 지금까지의 삶이 틀렸다고 느낄 때, 그것이 삶의 선물이었다는 것을 알게 한다. 자기가 가진 나쁜 경험이나 이미지에 대해 감사할 수 있게 한다.

- **콘민트** Cornmint

자기를 사랑하게 하고 능력 있다고 여기게 한다. 부정적 자아인식을 극복하는 데 도움을 준다. 이런 자기 확신은 도움이 필요할 때 적절한 도움을 남에게 요청할 수 있게 돕는다.

- **클라리세이지**Clary Sage

  모든 일이 귀찮고 재미없을 때 동기부여에 도움을 준다. 휴식을 취할 수 있게 하고, 편안함을 불러일으킨다. 그동안 쌓인 스트레스를 춤을 춰서 풀어버리듯 놓아버릴 수 있게 한다. 감각을 살아나게 하여 허황된 생각을 버리고 명료한 현실감각을 회복하게 한다. 자극과 이완의 균형을 맞추는 '행복'의 오일이다.

- **클로브 버드** Clove Bud

  피곤하다, 너무 약해졌다, 무기력하다는 느낌으로 눈앞에 있는 도전을 하기 어려울 때, 아무리 어려워도 해낼 수 있다는 용기를 만들어준다. 활력을 제공하여 자기 능력을 믿게 돕는다.

- **타라곤** Tarragon

  사람 안에는 부드러움과 과격함이 공존한다는 것을 알게 한다. 내면의 어둠을 인정하고, 그것이 남을 해칠 것이라는 두려움을 해소한다. 부드럽고도 강한 힘이 가능하다는 것을 인식하게 한다.

- **타임** Thyme

  가슴을 활짝 열어주는 오일이다. 자기 문제와 세상에 갇혀서 나올 수 없는 사람에게 유용하다. 현실은 고통이라는 생각으로 환상의 세상에 머무는 사람에게 현실에 참여할 용기를 준다.

- **탠저린** Tangerine

밖으로 나가기 두렵고 낯선 사람들과 같이 있기 힘들 때, 방향을 잃은 것 같은 느낌이 있을 때 낯선 사람이나 상황에 편안하게 적응할 수 있도록 돕는다.

- **탠지** Tansy

어려운 상황 때문에 불안하고 방향을 잃은 사람에게 평화로운 느낌을 제공한다. 그 상황을 일으킨 사람을 용서할 수 있고, 그런 상황에 있는 나도 용서할 수 있다는 생각을 갖게 한다. 지금까지 잘해왔다고 자신을 칭찬할 수 있게 하는 힘이 있다.

- **통카** Tonka

앞으로 나가고 싶지만 불안해서 갈 수가 없고, 그렇다고 지금 상황도 싫은 사람에게 미래에 대한 긍정적인 사고를 돕는다. 뭐가 일어날지 알 수 없어도, 불가능해 보여도 앞으로 갈 수 있도록 용기를 준다.

- **티트리** Tea Tree

신체적 질병에 따르는 자책감과 우울감에 쓰인다. 나쁜 운명을 만났다고 믿는 사람들에게 자신감을 불러일으킨다.

- 파슬리 Parsley

모든 일에 남 탓을 하는 사람을 위한 오일이다. 배신당했다고 느끼고 희생자라고 생각하여 세상과 등진 사람에게 신뢰를 가르친다. 자기를 믿지 않으면 남도 믿을 수 없다는 것을 알게 한다.

- 파인 Pine

다른 사람의 실수나 고통에 불필요한 책임감을 느끼는 사람들을 위한 오일이다. 이런 자기 감정을 회피하기 위해 모든 일에 관심을 두지 않고, 이것저것 귀찮아질 때 열정을 불러 일으킨다. 이상은 높은데 몸이 따라가지 않을 때 활력을 준다.

- 파츌리 Patchouli

마음은 너무 앞서가는데 몸이 따라가지 않는, 몸과 마음이 따로 노는 듯한 상태를 다스린다. 한 가지에 지나치게 몰두하는 사람, 정신적인 일에 집착하여 몸을 해치는 경향이 있는 사람에게 권장된다. 뭘 원하는지 명확하게 볼 수 있게 돕고, 풍부한 상상력을 일으킨다.

- 팔마로사 Palmarosa

집착하거나 소유욕이 강하고 질투가 심한 사람들을 위한 오일이다. 사랑하는 사람이 항상 자기 곁에 있어야 하고, 자기 감정에 지나치게 사로잡혀있는 사람에게 안정감을 준다.

187

- 퍼 Fir

  안개가 자욱한 곳에서 길을 잃은 듯한 느낌을 받을 때가 있다. 해야 할 일에 질려서 미리 겁을 먹고 있거나, 다 처리할 수 없다는 두려움에 휩싸일 때가 있다. 집중력을 높여주고 얻고 싶은 것에 포커스를 맞출 수 있게 도와준다.

- 페니로얄 Pennyroyal

  뭔가에 광적인 사람, 자기만 옳다고 주장하는 사람에게 유연한 사고를 가능하게 한다. 세상은 나와 남이 같이 사는 곳이라는 것을 알게 한다.

- 페루 발삼 Peru Balsam

  희생자처럼 느껴질 때 사용한다. 전체의 부품처럼 사용되고 버려졌다고 느낄 때, 상처 받았거나 버림받았다고 느낄 때 생기는 감정과 분노를 다스린다. 사용하는 동안 분노가 다시 살아날 수 있지만 그것을 통제할 수 있게 된다. 따뜻하게 데워주고 상처를 달래주고, 안락하게 해주는 특성이 있다.

- 페티그레인 Petitgrain

  감정적인 문제로 곤란한 문제를 자주 발생시키는 사람, 화를 잘 내고 불안한 사람에게 이성적인 사유를 할 수 있게 도와준다. 자기와 타인에 대해 유연한 관점을 가지게 한다. 신경성 천식에 유용하다.

- **페퍼민트** Peppermint

  머리가 맑아지게 한다. 정신적으로 피로하여 집중력이 떨어질 때 도움이 된다. 지나치게 자만심을 갖고 있거나, 반대로 열등감이 있을 때 사용된다. 자기의 한계를 넘어서 일할 때, 긴장을 풀고 잠시 생각해볼 여유를 찾게 한다. 새로운 방식을 수용할 수 있는 유연한 사고에 도움이 된다.

- **펜넬** Sweet Fennel

  지나치게 생각이 많고 모든 일을 분석하려는 사람에게 유용하다. 감정에 솔직하지 못하고 속에 담아두는 것 때문에 생기는 감정적, 신체적 문제를 해결한다. 명확하게 표현하기 어려울 때, 머리에 쌓인 생각을 표현하게 해준다. 표현을 상징한다.

- **프랑킨센스** Frankincense

  모든 일을 바쁘게 처리하려는 데서 오는 각종 불안감을 해소시켜 준다. 세속적인 일에 집착하고 있을 때, 과도한 집착에 허덕일 때 마음의 고요함을 가져다준다. 뭔가 해야 할 것 같은 느낌을 다스려준다. 시니컬한 사람에게 도움이 된다.

- **허니서클** Honeysuckle

  "자, 이제 신나게 놀 시간이다"라는 말로 요약된다. 삶은 항상 일과 의무로 가득 찼었다. 놀 시간이 없었다. 이제 쉬고

4부 건강하게 빛나는 심신, 후각훈련

189

신발을 벗고 즐길 때가 됐다. 밖으로 나가서 뭔가 미칠 수 있는 일을 찾아라. 이런 느낌을 받고 싶을 때 선택한다.

- **헤나** Henna

"창조하라!"라는 말로 요약된다. 자기가 가진 재능을 너무 평가절하하는 사람에게 쓴다. 혹시 어떤 일을 하다 멈췄더라도 멈출 이유가 있어서 멈췄다는 것을 알게 한다. 창조적인 일을 하는 사람에게 영감을 준다.

- **헬리크리섬** Helichrysum

무의식에 숨어있는 억압과 충동을 다스리는 데 쓰인다. 어릴 때의 충격이나 무의식적 상처 때문에 개방적이고 능동적인 사람을 적대시하기도 한다. 어떤 문제를 지나치게 이성적으로 대하거나, 밝은 것을 참지 못하는 부정적 감정을 해소한다.

- **호** Ho Leaf

착한사람증후군에 쓴다. 남을 앞세우느라 자기 것은 하나도 챙기지 못하고, 그것에 대한 부담 때문에 불행해하는 사람에게 조금 이기적이어도 된다는 사실을 가르친다. 가족이나 사회가 원하는 삶을 살아왔을지도 모른다. 이제 자기 삶을 찾고 싶은 사람에게 용기를 준다.

- **홉** Hops

  두려움이 삶을 이어가게 하는 밑천이었을지 모른다. 신문,
  영화, 텔레비전을 보면 세상 모든 것은 두려워할 것으로 가
  득 차 있다. 그런 거짓 선전에 휘둘리지 않고 안전하다는 것
  을 가르친다.

- **히솝** Hyssop

  환경의 부정적 면에 집중하는 사람에게 유용하다. 이런 사
  람은 주위 사람, 신문이나 텔레비전, 인터넷 등과 같은 미디
  어에서 오는 이야기 중에 나쁜 것에 집중하여 자신을 비하
  하거나 스트레스를 느낄 수 있다. 다른 사람의 감정에 쉽게
  영향을 받는 사람에게 자기를 보호하게 도와준다.

인공향과 생활향기

인공향과 생활향기도 후각훈련 재료로 가능하다. 현재 쓰이는
후각키트에는 인공향과 생활향기가 들어있지 않다. 인공향의 경
우에는 가끔 민감한 반응을 보이는 경우가 있고, 생활향기는 보
존성에 문제가 있어 쉽게 부패하는 경향이 있거나 향이 바뀌는
경우가 많은 이유 때문이다. 하지만, 1차 후각훈련에서 효과가

미미한 경우이거나 특수한 사례에 해당될 경우에는 부모에게 고지하고 인공향이나 생활향기를 원료로 한 후각키트가 제공되기도 한다. 초기 후각훈련에는 이것들이 쓰였다. 이유는 간단하다. 효과가 있었기 때문이었다.

생활향기라고 하는 것 중 체취하기 비교적 쉬운 것들은 음식이다. 채소들은 녹즙을 내어 물에 희석하여 쓰면 되고, 용액으로 된 것들은 물에 그대로 희석하면 된다. 생선이나 동물성 재료 등은 알코올에 한 달 정도 담가두면 아쉬운 대로 냄새물질을 얻을 수 있다. 돼지나 오리 같은 경우는 구우면서 떨어진 기름을 희석하여 쓸 수 있다. 생선 냄새는 전체적인 후각키트의 향긋함을 날려버릴 수도 있지만, 몇몇 아이들에겐 이것을 섞는 것이 효과가 있었다. 생선 기름도 잘 희석하면 기분 나쁘지 않은 냄새를 만들 수 있다.

현재 후각키트에는 음식을 재료로 만든 것은 없다. 집에서 후각키트를 만들고자 한다면 음식으로 만들어도 무방하다. 음식으로 만든 재료는 부패에 신경 써야 하기 때문에 냉장 보관하는 것이 좋다. 농도를 약하게 만들면 잘 부패하지 않지만 조심해서 나쁠 것은 없다. 생활향기도 향을 고르게 분포시키는 방법으로 희석하면 부패 문제를 해결할 수 있긴 하지만, 향이 제대로 보존되지 않는 문제가 발생한다.

인공향은 특별히 만드는 데 고생할 필요가 없다. 향수산업에서 쓰이는 화학적으로 더 쪼갤 수 없는 단일향에서부터 식품첨가물로 쓰이는 플레이버까지 비교적 쉽게 구할 수 있다. 플레이버는 지용성이 있고 수용성이 있는데, 지용성은 에센셜 오일과 같은 방법으로 희석하면 되고, 수용성은 그냥 물에 타면 된다. 플레이버는 우리가 흔히 접하는 과자나 음료수 등에 첨가되는 물질로서 커피향, 콜라향, 딸기향, 바나나향 등 우리가 일상에서 많이 접하는 향들이다. 원료 자체의 향이 워낙 강하기 때문에 많은 양을 쓰면 안 된다. 일부 자폐증이나 발달장애 아이들 중에는 인공향에 부적절한 반응을 보이기도 한다. 그럼에도 불구하고 소개하는 이유는 몇몇 아이들은 인공향이 들어갔을 때도 효과가 좋았기 때문이다. 이런 편차가 있기 때문에 지금은 첫 훈련에서는 인공향을 제외한 키트를 제공하고, 1차 훈련의 결과를 보고 인공향을 쓸지 안 쓸지를 결정하는 편이다.

생의학적 치료물질

"먹어서 효과 있는 것은 뿌려서 효과 있다."
이것은 후각훈련을 개발하면서 얻은 한 가지 팁이다. 발달장애와 자폐증을 치료하는 전문가에게는 유용한 팁일 것이라 생각된다. 검증이 필요하긴 하겠지만, 개인적인 경험으로는 효과가 있었다. 약간은 전문적인 제조단계가 필요하지만, 부작용이 있는 약일수록 뿌리면 부작용은 사라지고 효과는 얻는다. 아쉽지만 효과는 약과는 좀 다른 방향이다. 방향이 다르다는 표현은 약이나 건강기능성 식품에서 얻고자 하는 효과가 아니라 주로 정신적인 효과가 나타난다는 뜻이다. 하지만, 복용약과 달리 복합적으로 사용할 수 있고 부작용이 없기 때문에 상당히 유용한 팁이라고 생각한다. 신기한 것은 겉으로 냄새가 거의 없는 물질도 효과가 있다는 것이다.

물질을 고도로 희석하여 뿌리면 그 물질이 가지고 있는 물리적인 효과뿐 아니라 정신적, 감정적 효과가 나타난다. 뿌리는 것에 대한 한계도 분명히 존재하지만, 먹는 것이 꺼려지거나 불가능한 상황에서 이용할 수 있다.

일반적으로 향은 먹는 것보다 더 빠른 효과가 있다. 서울대 식품영양학과 서한석 박사팀은 실험용 쥐에게 잠을 자지 못하게 한 뒤 커피향을 맡게 했더니 스트레스가 줄어들었다고 발표했다. 연구팀은 커피를 마시거나 향을 맡을 때 뇌의 유전자와 단백질에 어떤 영향을 미치는지 알아보기 위해 실험용 쥐의 수면을 방해해 스트레스를 받게 하고 몇 그룹으로 나누었다. 한 그룹에게 커피향을 맡게 하고 향을 맡지 않은 그룹과 비교했더니 커피향을 맡은 그룹의 쥐는 뇌 속에 있는 11가지 유전자의 움직임이 활발해졌다. 이들 유전자는 뇌 속에 있는 단백질로 스트레스를 줄이고 산화를 억제하는 긍정적인 역할을 한다. 또 커피를 마신 쥐보다 향만 맡은 쥐의 뇌 속 단백질이 더 빨리 활성화됐다. 이는 신경경로상 커피향을 맡는 것이 카페인을 입으로 섭취하는 것보다 작용시간이 더 짧기 때문이다. 향은 먹는 것보다 빨리 몸 속에서 작용한다.

자폐증과 발달장애의 생의학적 접근은 이 증상들을 질병으로 보고 이것들을 약리학적으로 접근해서 치료하는 방법이다. 신체가 건강하지 못하면 뇌 신경계도 당연히 건강하지 못하다. 생의학적 접근에서 많이 쓰이는 치료제는 일반적으로 비타민, 미네랄부터 호르몬까지 광범위하다. 직접 구입할 수 있는 것도 있고, 처방받아야만 구할 수 있는 것도 있다. 생의학적 연구가 계속될수록 그 종류도 많아지고 있다.

후각훈련에는 아래 설명한 물질의 생리적 효과보다 어떻게 이것이 '정신적 효과'를 내는지에 관심이 많다. 아직 후각훈련적 관점에서 이 물질들이 왜 효과가 나는지 정확하게 알지는 못한다. 아래 설명은 일반적인 관점이다.

가바 (GABA)	중추신경계에서 신경전달물질로 작용한다. 뇌 대사에 필수적인 물질이다. 진정시키는 약제와 비슷한 효과가 있다고 알려져 있다. 과잉되면 불안증가, 숨 가쁨, 입 주위의 감각둔화 등이 있을 수 있다.
글루타민	가바의 양을 증가시킨다. 정신능력을 돕고, 소화관의 건강에 필요하다. 뇌조직에서 암모니아를 제거한다. 설탕과 알코올에 대한 갈망을 감소시킨다. 독소를 제거한다.
글루탐산	뇌와 척수에 있는 주요 흥분성 신경전달물질이다. 행동장애, 간질 등에 유용하다.
글루타티온	간에서 생성되는 강력한 항산화제이다. 몸의 해독을 돕는다. 부족하면 정신장애, 떨림, 균형유지곤란 등의 신경계 문제가 일어난다.
글리신	억제성 신경전달물질로 작용한다. 조울증과 과잉행동에 쓰인다.
루신	헤르페스를 억제한다. 부족하면 집중불능, 소화불량이 나타날 수 있다.
메티오닌	납 등의 중금속을 해독하고, 머리카락이 쉽게 부서지는 것을 막고, 화학물질 알레르기가 있는 사람에게 유용하다.
은행추출물	기억력을 개선하고 집중력을 강화한다.

유산균	잘 알려진 것과 같이 유산균은 병원균을 억제하는 장내 생태계의 필수물질이다. 근래에는 유산균이 해독작용을 돕는다는 것이 밝혀졌다.
코엔자임Q10	알레르기, 천식, 호흡기병 환자에게 유용하다. 정신분열증과 알츠하이머병에 사용하는 전문가도 있다. 칸디다증에 쓰인다.
타우린	불안, 간질, 과잉행동, 뇌기능 저하 등에 사용한다. 눈의 기능유지에 중요하다. 채식 식이요법을 하고 있다면 체크해야 한다.
트립토판	신경전달물질이며 세로토닌을 생산하기 때문에 우울증과 불면증에 사용된다. 과잉행동과 스트레스 해소, 편두통 해소에 쓰인다.
티로신	아드레날린, 노르에피네프린, 도파민의 전구체이다. 이것은 기분을 조절하고 신경계를 조절하는 물질이다. 기분상승제로 이용된다. 부족하면 갑상선 저하증이 있을 수 있다. 불안, 우울증, 알레르기, 두통, 약의 금단증상, 파킨슨병에 사용된다.
페닐알라닌	기분을 상승시키고, 통증을 감소시키고, 기억력과 학습을 돕고, 식욕을 억제하는 데 유용하다.
비오틴	다른 B군 비타민을 돕는 작용을 한다. 머리에 지루성 피부염을 가진 유아는 결핍을 의심해야 한다.

비타민A	비타민A 없이 단백질은 몸에서 이용될 수 없다. 잦은 감기와 중이염, 폐렴에는 결핍을 의심해야 한다.
비타민B군	뇌기능에 필수적이다, 야구를 혼자 할 수 없듯이 이 영양소들은 팀으로 함께 작용한다. 아래는 각각에 대한 설명이다.
비타민B1 (티아민)	뇌기능과 학습능력에 필요하다. 젊은 여성들에 대한 실험에서 머리가 맑아지고 침착해졌으며, 원기가 왕성해졌다는 연구가 있다.
비타민B2 (리보플라민)	결핍되면 정신반응의 지연현상이 나타난다.
비타민B3 (나이아신)	소화효소 분비에 관여하며, 신경계 기능에 도움을 주고 기억력을 향상시킨다.
비타민B5 (판토텐산)	항스트레스 비타민으로 불린다. 신경전달물질의 생산에 관여한다. 정신반응속도와 집중력을 높이고 기분을 좋게 한다. 손끝이 계속 아리고 아프다면 결핍을 의심해야 한다.
비타민B6 (피리독신)	최초로 자폐증 치료에 효과가 있다고 알려진 비타민이다. 정상적인 뇌기능과 신경계를 유지하기 위한 RNA와 DNA 합성에 필요하다. 결핍되면 학습곤란, 기억력 저하, 청각문제, 감각둔화, 발육장애, 통증, 입술 갈라짐, 어지럼증, 우울증 등이 나타날 수 있다. 또 피부가 쉽게 벗겨지는 증상이 나타날 수 있다.

비타민B12 (메틸코발라민)	기억력과 학습을 보조하는 신경전달물질인 아세틸콜린의 생산에 관여한다. 수면패턴에 문제가 있을 때 쓴다. 결핍증은 소화불량, 변비, 우울증, 두통, 졸음, 신경과민 등이 나타날 수 있다. 식이요법으로 채식을 하고 있는 경우라면 필수적으로 섭취해야 한다.
비타민C	수은을 비롯한 중금속과 독성물질을 해독한다. 신경정신과 계열의 약을 복용할 때 부작용을 완화할 수 있다.
비타민D	결핍되면 식욕상실, 설사, 불면증, 시각기능의 이상, 체중감소가 나타난다.
비타민E	알츠하이머병의 진행을 늦춘다는 연구가 있다.
세크레틴	이자액의 분비를 촉진하는 호르몬이다. 일부 자폐아에게 놀라운 호전 사례가 있어 한동안 화제가 됐던 물질이다.
엽산	우울증과 불안을 완화한다. 결핍으로는 흰 머리카락, 불면증, 기억력 문제, 편집증 등이 있다.
옥시토신	사교의 호르몬으로 불리기도 한다. 모성본능의 상징이기도 한 이 호르몬은 사람 상호간의 교감과 깊은 관련이 있는 호르몬이다.
이노시톨	우울증, 강박증에 따른 반복행동, 불안장애에 부작용 없이 치료약과 비슷한 효과가 있다고 밝혀졌다.

콜린	뇌로부터 중추신경계를 통해 전달되는 신경자극을 위해 필요하다. 파킨슨병과 같은 신경계 질환에 유용하다. 임신 중 연구에 의하면 태아의 학습능력과 기억력을 향상시킨다고 한다. 조울증에 효과가 있다. 집중력을 높인다.
항진균물질	장내 진균문제를 가지고 있는 자폐인에게 진균감염은 흔한 일로 알려져 있다. 항진균 치료제를 쓰거나 자연적인 항진균제인 마늘, 산사 등이 쓰인다.
ALA	독성금속의 해독을 돕고 신경조직을 보호한다.
NAC	중금속 해독에 유용하다. 감염성 질병을 예방하고 치유기간을 단축시킨다.
NADH	뇌의 독성화학물질을 배출하는 데 도움을 준다. 만성 피로증후군, 파킨슨병에 쓰인다. 기분, 에너지, 시력, 정신반응성 등을 높인다.
PABA (파라아미노 안식향산)	영양소 결핍에 의한 흰 머리카락의 치료제로 쓸 수 있다. 결핍되면 우울증, 피로, 신경과민, 피부의 흰 반점이 생길 수 있다.
게르마늄	독소제거를 돕는다. 통증을 억제하고 알레르기와 칸디다증에 유용하다는 연구가 있다.
구리	부족하면 빈혈, 설사 등이 있을 수 있다.

달맞이꽃종자유	집중력 부족, 과잉행동 아이에게 효과를 보였다. 아토피에 있어 가려움증을 경감시킨다.
마그네슘	미네랄 중 가장 먼저 자폐증 치료에 쓰인 물질이다. 어지럼증, 신경과민 치료에 쓰인다. 임신 중 마그네슘 보충제를 섭취한 산모의 신생아에게 정신지체 발생률이 70%, 뇌성마비 발생률이 90% 감소했다는 연구가 있다. 부족하면 불면증, 소화불량, 발작, 짜증이 일어날 수 있다. 아연이나 비타민D를 복용하고 있다면 결핍증을 관찰해야 한다.
망간	드물지만 결핍증으로 청각장애, 다한증이 있을 수 있다.
몰리브덴	부족하면 잇몸병이 있을 수 있다.
셀레늄	갑상선 호르몬의 역할을 돕는다.
아연	마그네슘과 더불어 자폐증에 가장 많이 처방되는 미네랄이다. 미각과 후각을 예민하게 한다. 감기 증상을 완화한다. 아연이 부족하면 후각과 미각 저하, 손톱이 얇아지고 흰점이 형성된다. 피로하고 기억력에 문제가 생긴다.
요오드	아기에게 부족하면 정신지체를 초래할 수 있다. 피로, 신생아의 갑상선 기능 저하, 체중증가와 관련이 있다.
인	부족하면 불안, 피로, 호흡 불안, 감각 둔화, 피부과민성이 나타날 수 있다.

철	부족하면 머리카락이 잘 부서지고 소화장애, 어지럼증, 세로줄 손톱, 잘 구부러지는 손발톱, 피곤, 신경질 등이 나타날 수 있다.
칼륨	부족하면 심하게 건조한 피부, 오한, 설사, 계속되는 갈증, 불면증, 구토 등이 나타날 수 있다.
칼슘	납 등의 독성금속 흡수를 억제한다. 부족하면 감각둔화, 신경과민, 우울증, 과잉행동을 보일 수 있다.
콜로이달실버	진균 감염과 입의 궤양에 쓰인다.
크롬	단백질 합성에 필수적이다. 부족하면 불안, 피로가 있을 수 있다.
프로폴리스	광범위한 항생작용이 있다. 어린이 비염과 치주염 등에 쓰인다.
DHEA	면역작용을 증진시키고 기억력 개선에 도움을 준다.
DMAE	학습과 기억과정에 관여한다. 집중력 향상에 쓰인다. 기분을 좋게 할 수도 있다.
레시틴	뇌를 둘러싸는 보호막은 레시틴으로 구성된다. 뇌 기능을 개선한다.
마늘	항생능력, 항진균, 항바이러스 능력을 인정받는 물질이다.

멜라토닌	자폐, 간질, 다운증후군, 뇌성마비, 수면장애를 일으키는 어린이에게 효과가 있다고 알려져 있다. 부작용 적은 수면보조제로 쓰인다.
밀크시슬 (실리마린)	화학물질과 각종 독소를 해독하는 능력이 있다.
스피루리나	식욕을 억제하고, 감기에 잘 걸리거나 알레르기가 있을 때 쓴다. 중금속을 배출하여 ADHD 아이와 자폐아에게 적용해서 효과를 본 사례도 있다.
바코파	인도 아유르베다 약초로서 기억력 증진, 간질, 불면증, 진정제 등으로 쓰인다.
아쉬와간다	불안장애에 쓰고 인식능력과 기억력 향상을 돕는다.
알로에 베라	피부궤양, 위장장애, 변비, 대장염 등에 쓰인다.
오메가3	뇌기능이 향상되도록 뇌세포 유전자에 작용하고, 인지와 언어를 호전시키는 데 효과적이다.
요한초	사람들과 어울리고 새로운 사람을 만나고 싶고, 행복감을 느낀다는 사례 등이 많다.
카바	사람들이 많이 모이는 장소에서 불안해하는 사람들에 대한 실험에서 효과가 인정됐다. 불안에 있어 기적의 허브라고 표현하는 사람도 있다.

포스파티딜세린	우울증을 감소시키고 기억력과 학습능력을 증진시킨다.
프레그네놀론	자가면역질환과 수면장애, 만성피로증후군을 완화시킨다. 집중력, 시청각 등의 감각인지능력을 높인다.
5-HTP	불면증, 우울증, 불안장애에 효과가 높다.
ALC	기억력, 주의력, 언어와 위치 인식능력의 퇴행을 감소시키며, 알츠하이머의 진행을 느리게 한다. 인식장애와 우울증에도 쓰인다.
CDP-콜린	학습능력과 기억력이 좋아진다. 도파민과 비슷한 효과를 갖는다.
DMG, TMG	기운이 나고, 잠이 잘 오고, 피로가 줄어든다는 보고가 있다. 일부 자폐아의 경우 큰 효과가 있다. 복용량이 많으면 안절부절 못하고 불면증이 올 수 있다.
SAMe	뇌의 화학물질에 도움을 주어 항우울제로 쓰인다. 항우울 효과는 위약실험에서 증명됐다.

한약재

한약재의 약리작용은 직접적으로 뇌에 작용하는 것도 있고, 심신을 건강하게 하여 궁극적으로 신경계에 작용하는 것도 있다. 후각키트를 만들 때는 한약재를 다려서 그 다린 원액을 희석해서 쓰거나 증류한다. 한약의 효과는 주로 한 가지 약재로 나타나는 것이 아니라 어떻게 섞느냐에 따라 달라진다. 여러 약을 섞은 탕제도 후각키트로 이용할 수 있으나, 그 내용은 너무 전문적이라서 소개하지 않는다. 현대의학적으로 밝혀진 부분과 전통적으로 써왔던 방법 중 발달장애 아이들에게 적용할만한 약재들을 짧게 소개한다. 이 설명을 바탕으로 먹는 한약을 선택하는 것은 권하지 않는다.

가시오가피	신경계통의 흥분과 억제를 조절하여 균형을 맞춘다.
갈근	항균작용이 있다. 부교감신경을 자극하여 말초혈관을 확장하며, 뇌기능을 활성화한다.
감초	꿈이 많고, 가슴이 두근거리는 사람에게 좋다. 건망증과 경기를 다스린다.
고삼	진균 억제 능력이 강하다. 중추신경의 흥분을 억제하여 진정작용을 한다.
곽향	장 경련을 억제한다.
구판	현기증, 불면증, 어지럼증을 개선한다.
국화	정신적 스트레스를 완화한다.
노근	교감신경 흥분을 억제한다.

녹용	활력을 높이고 정신피로를 개선한다.
단삼	과도한 정신적 스트레스를 완화한다. 주의력 부족에 쓴다.
당귀	불안과 기억력 감퇴를 개선한다.
두충	중추신경계, 순환계, 면역계를 조절한다.
맥문동	기억력 감퇴와 불안을 다스린다.
모려	불안하고 잘 놀래고 잠을 못 이룰 때 쓴다.
목향	중추신경 억제작용이 있다.
백강잠	항경련작용이 있어서 간질에 쓴다.
백복령	뇌세포를 활성화하여 정신을 안정시킨다.
백자인	뇌 손상에 의한 학습능력 저하를 개선한다. 잘 놀래는 아이에게 쓴다.
보골지	마음을 편안하게 하고, 빈뇨, 어지럼증, 건망증을 개선한다.
부자	중추신경계를 흥분시킨다.
빈랑자	진균 억제 작용이 강하다.
산약	대뇌의 혈액공급을 원활하게 하여 지능을 높여준다.
산조인	중추신경 흥분을 억제한다. 수면장애와 잘 놀라는 아이에게 쓴다.
석창포	뇌기능 장애를 개선한다. 건망증과 기억감퇴에 쓴다.
속단	신경세포를 보호한다.
영지버섯	마음을 가라앉히고 긴장을 완화하며 기억력을 좋게 한다.

오미자	과민성 설사를 억제한다.
용골	뇌파의 이상발작을 진정시킨다. 쉽게 화를 내고 어지러울 때 쓴다.
원지	경기, 건망증, 불면증, 불안, 지능감퇴 등 신경계 질환에 광범위하게 쓰인다.
음양곽	신경쇠약에 쓰인다.
인삼	숨이 차고 잘 놀라며 건망증이나 어지럼증이 날 때 쓴다. 식은땀이 나고 무기력할 때도 유용하다.
죽여	중추신경 억제작용이 있다.
죽엽	중추신경 억제작용이 있다.
천궁	흥분할 때 진정작용을 나타낸다.
천마	기억력 관련 뇌 부위인 해마를 보호한다. 뇌파를 안정시켜 간질 발작과 두통을 줄인다.
치자	흥분으로 인한 불면에 쓴다. 진정작용이 있다.
토사자	중추신경 흥분을 억제한다.
하수오	학습능력과 기억력을 개선한다. 흰 머리카락 치료에 쓴다.
합환피	감정이 상하여, 우울, 분노 때문에 불안하고 잠이 안 올 때 쓴다.
향부자	신경성 식욕부진에 쓰인다.
현삼	기억력 감퇴와 공간지각력을 개선한다.
황련	뇌혈관의 긴장을 떨어뜨려 신경증상을 완화한다. 과잉행동에 쓴다.

동종약

동종요법이란 한때는 서양에서 꽤나 주요한 위치에 있었던 의학이다. 쇠퇴과정을 겪긴 했지만, 아직도 독일이나 프랑스 등 서유럽에서는 의사들 중 10% 이상이 동종약을 사용한다고 할 정도로 신뢰받고 있다. 특히 영국에서는 왕족들이 선호하는 것으로 알려져 있다. 동종의학의 원리를 간단하게 설명하면 이렇다. 구토를 유발하는 어떤 물질을 극도로 희석하면 구토를 치료할 수 있다는 것이다. 이미 2백 년 이상 검증이 되어왔고 이중맹검에 의한 실험설계도 통과했을 정도로 연구기반도 탄탄하다.

전통적인 동종의학은 기본적으로 그 사람의 체질에 따라 약을 처방하는 방식을 쓴다. 증상이 같더라도 사람에 따라 다른 약이 주어진다. 전통적인 방식은 사람마다 다르게 약을 쓰기 때문에 그 사람의 병력이나 성격, 가족력, 살아온 인생을 모두 알기 위해 심층면접을 하여 그 사람에게 맞는 약을 찾는다.

동종의학은 여러 갈래로 발전해왔는데, 모든 동종의학이 동일한 방식으로 임상에서 사용되는 것은 아니다. 동종의학의 한 갈래인 아이소퍼시Isopathy에서는 문제를 일으킨 물질을 희석하여 약을 만든다. 자폐증이나 발달장애가 백신접종 후에 일어나는 경우도 많기 때문에, 아이소퍼시에서는 백신을 원료로 만든 동종약을 써서 치료를 한다. 이 치료법으로 얻은 놀라운 효과는 『자폐증 절망을 넘어서다』라는 책에 소개되어 있다. 또한, 전통적인 방식에서 자폐증이나 발달장애 아이들에게 주로 사용되는 동종약도 있다.

동종약은 종류가 수천 종 이상이고 자폐와 발달장애에 쓰이는 약도 많기 때문에 모두 소개할 수는 없다. 비교적 발달장애에 많이 사용되는 약 몇 가지를 소개한다.

카모밀라 Chamomilla	신경질적이고 소리에 민감하여 흥분하는 경우
실리시아 Silicea	자기 세상 속으로 들어가 바닥에 앉아서 물건을 늘어놓고 땀을 많이 흘리고 발에서 냄새가 나는 경우
히요시야무스 Hyoscyamus	혼자 중얼거리고 낯선 것을 힘들어하고, 성기를 가지고 노는 경우
눅스 보미카 Nux vomica	과식을 한 경우에 평소보다 화를 잘 내는 경우
코페아 Coffea	흥분해서 잠에서 깨어나 장난감을 가지고 노는 경우
리코포디움 Lycopodium	새로운 상황에 대한 불안

주파수 물질

신비한 것은 특정 주파수가 담긴 물을 뿌리는 것만으로도 효과가 있다는 것이다. 주류의학이 아닌 흔히 '신과학'이라고 불리는 의료기구들을 사용해서 얻은 결과물이다. 이런 의료기구 중 주파수를 물에 담는 기구를 구입했다. 주파수 치료는 생각보다 굉장히 오랜 역사를 가지고 있는 치료법이다. 흔히 라이프 치료기로 알려진 주파수 치료기는 수많은 질병에 효과가 있다는 사례를 쉽게 찾을 수 있다. 물론 반대의 글도 많다. 중요한 것은 부작용이 없다는 점은 모두 동의하고 있다는 것이다.

주파수를 이용한 후각키트는 후각훈련 개발 초기에 훈련을 간절히 원하는 아기를 위해 만들어졌다. 이 아기는 돌 전에 질병으로 죽을 고비를 넘기면서 발달이 너무 더뎠다. 다른 사람들과 같이 격주에 한 번씩 만나던 가족이었는데, 다른 아이들이 후각훈련으로 좋아지는 모습을 보고 훈련을 많이 하고 싶어 했다. 처음 후각키트를 만들었을 때는 24개월 이전의 아기에게는 하지 않았다. 특별한 이유가 있어서 그런 것은 아니고, 그냥 너무 어린 것 같았다. 그때만 해도 사례가 많지 않았기 때문에 너무 어린 아기에게 하는 것은 심적으로 부담도 컸다.

돌 다 될 때까지 5~6kg 정도 밖에 되지 않고 목 가누기도 제대로 되지 않던 그 아기를 기적적으로 살려냈는데, 발달이 더딘 것은 너무 안타까웠다. 그래서 이 아이를 위해 '주파수를 입힌 물'로 만든 후각키트를 만들기 시작했다. 이 아기는 후각훈련 중에 말이 터졌다. 처음에 긴가민가하던 주파수 입힌 물이 실제로 효과가 있다는 것을 알고 나서, 작업을 좀 더 정교하게 하기 시작했다. 시간이 지나면서 적용해보니 물에 주파수를 입힌 후각키트는 사람마다 효과의 차이가 컸다. 특히 일곱 살이나 여덟 살 정도가 지나가면 효과가 많이 떨어지는 것 같았다. 그래서 지금은 단독으로 사용하기보다는 주파수를 입힌 물과 다른 키트를 섞는 방식으로 제조한다.

특정 주파수는 특정 질병이나 성격 상황에 영향을 미친다. 주파수 치료는 널리 알려져 있기 때문에 간단한 주파수 발생기는 쉽게 구할 수 있다. 하지만, 세밀한 주파수를 발생시켜서 치료적 효과를 얻기 위해서는 고가의 장비가 필요하다. 요즘은 소프트웨어적으로 주파수를 발생시키거나 만들어내는 경우도 있다. 이것들을 물에 녹여 후각키트로 이용할 수 있다. 각각의 주파수를 별도의 키트로 만들어서 순서를 조정하여 뿌릴 수도 있고, 한꺼번에 여러 개를 물에 녹여 한 개의 후각키트로 만들 수도 있다.

일반적 해독	4.9, 20, 72, 95, 125, 146, 428, 522, 802+1550, 10000
분노	3.6, 3.9, 6.3
가만히 앉아있지 못하거나 불안할 때	3+230, 7.8
천식	0.5, 20, 72, 95, 125, 146+1865, 522, 660
ADD, ADHD	3+230
야뇨증	465, 660+690, 727.5, 787 10분이상
강박	802, 263.1, 304, 6000, 6130
진정효과	2.5, 10, 7.8, 80, 304, 6000
대장염	20, 440, 660+690, 72735, 787, 802
집중력 향상	5.8, 7.8, 20, 35, 10000
우울증	5000, 9999, 10000
불안	30.5, 800
두려움	1.1+73, 5.8
불면증	3+230, 3.9, 3.6, 7.8, 10, 304, 800, 802+1550, 880, 1500, 6000
사고를 명확하게 하고 싶을 때	5.8, 20, 35, 10000
짜증을 잘 낼 때	3.6, 3.9, 6.3
기억력 증진	14.6, 14.7
말을 더듬을 때	7.8, 20, 6000, 10000
트라우마	3.9, 15, 96, 95, 190, 192, 300, 465, 660+690+727.5, 760, 787, 880, 1565, 3000

모든 해독	20.5, 6.3+148, 9.2, 146, 333+523 +768+786, 444+1865, 428, 522, 555, 660+690+727.5, 787, 802+1550, 880, 3176, 10000
마취 해독	0.5, 2.5, 6.3+148, 146, 333+523+768 +786, 522, 555
화학물질 해독	65
화학물질 민감도 저하	440, 443
중금속 해독	2154, 1343, 1354, 528, 1183, 945, 1121, 1211, 1425
백신 해독	10000
신경계 일반	10000, 2720, 2489, 2170, 1800, 1600, 660+690+727.5, 650+625, 880, 787, 802+1550, 125, 95, 72, 20, 440

바흐플라워

바흐 플라워는 영국의 의사인 에드워드 바흐에 의해 약 100년 전에 개발된 치료제이다. 이 치료제는 38가지 물질로 이루어져 있는데, 주로 꽃이 재료이기 때문에 흔히 "꽃 에센스"라고도 불린다. 이 치료제는 처음부터 정신 영역에 초점을 맞추어 개발되었다. 만드는 방법도 꽃을 깨끗한 물에 띄워 햇빛에 비추어 만들기 때문에 향에 민감한 사람은 미세하게나마 꽃향기를 느낄 수 있다. 이 치료제는 주로 복용하거나 크림 등에 섞어 몸에 바르는 형식으로 사용된다.

38가지 중 응급상황에 쓰는 4가지를 섞은 치료제를 "응급치유약Rescue Remedy"라고 부르는데, 가정상비약으로 유용하다. 이 약의 효과를 개인적으로 가장 크게 확인한 것은 사람이 아니라 우리 집에 키우던 진돗개였다. 하루는 마당에 나갔는데 개가 입을 벌리고 침을 계속 흘리고 있었다. 눈은 흐리멍텅했고 겨우 걸어서 내게 왔다. 한눈에 봐도 상태가 심각했다.

마당에 특별하게 위험한 물건이 없었기 때문에 이유를 알 수 없었다. 어쨌든 뭐라도 해야 할 상황이어서 급히 집에 들어가서 응급치유약을 가지고 나와서 입에 떨어뜨렸다. 조금 지나 개 입에서 돼지 정강이뼈로 보이는 것이 나오기 시작했다. 어떻게 그런 큰 뼈를 삼켰는지는 모르지만, 어쨌든 뼈가 보여서 손으로 잡아 빼줬다. 응급치유약이 '작용'하는 것을 눈으로 본 셈이다.

우리나라에는 잘 알려져 있지 않지만, 외국 사례를 보면 우리 개가 살아난 것이 단순히 우연은 아니었던 것 같다. 이 일을 겪고 나서 한동안 응급치유약 전도사가 되어서 이 사람 저 사람 나눠줬던 생각이 난다.

원래 이 꽃에센스는 성격과 현재 상태에 대한 설문과 면담에 따라 선택한다. 치료제는 최대 6개 이내에서 선택하는데, 하루

4번 정도 복용하는 방식이 일반적이다. 크림류에 섞어 쓰거나, 신체 부위에 따라 에센스를 선택하기도 한다. 한의학적 경락에 따라 치료제를 바꾸기도 한다. 몇몇 에센스는 탁월한 임상효과를 보이는 것 같다.

- **고오스** Gorse

  자기능력을 의심하는 것에서 조금 더 나아가 "해봤자 소용없어!"라는 생각으로 자포자기한 사람들을 위한 에센스이다. 희망과 용기를 갖게 도와준다.

- **라치** Larch

  능력이 있음에도 자신감 부족으로 항상 물러나는 사람들을 위한 에센스이다. "할 수 없어"라는 말이 생활화되어 있는 사람에게 자기 신뢰가 생기도록 도와준다.

- **레드 체스넛** Red chestnut

  아이를 유치원에 보내고 '잘 있을까' 하루종일 걱정하는 사람을 위한 에센스이다. 사랑하는 사람에 대한 걱정이 지나쳐서 불안할 때 쓴다.

- **록 로즈** Rock Rose

  극심한 공포에 쓴다. 끔찍한 사고나 수술, 폭행 등에 안정감을 준다. 자주 악몽에 시달릴 때 도움이 된다.

- **록 워터** Rock water

완벽주의자를 위한 에센스이다. 이들은 자기에게 엄격하여 흔히 남의 본보기가 되는 경우가 많다. 생활의 작은 즐거움 같은 것도 사치다. 자기가 본보기를 보임으로써 따르게 하여 남들을 압박하는 스타일이다. 물론 타인의 게으름 등을 싫어하지만 대놓고 싫어한다고 얘기도 못한다. 하지만 인생은 모든 것이 생각대로 되는 것이 아니어서 조그만 실수로도 심한 자책을 한다. 이들에게 부드러운 마음을 선물한다.

- **머스타드** Mustard

이유 없이 기분이 가라앉을 때 쓴다. 특별한 이유 없이 우울했다가 다시 괜찮아지기를 반복할 때 유용하다.

- **미뮬러스** Mimulus

부끄러움을 잘 타고 신경이 예민하고 사람을 무서워하는 사람들을 위한 에센스이다. 아스펀은 자기가 뭘 무서워하는지 모르는 상태에 쓰고, 미뮬러스는 두려움의 대상에 대해 잘 알고 있는 경우에 쓴다. 겁이 많고 수줍은 이들에게 용기를 준다.

- **바인** Vine

자기 확신이 강하여 남에게 군림하려는 사람들을 위한 에센스이다. 다른 사람의 견해나 권리를 이해하게 한다.

- **버베인** Vervain

남을 위해 너무 열심히 사는 사람을 위한 에센스이다. 도전을 즐기고 열정적이지만 스스로 어려운 길로 떠밀어서 쉴 수 없는 스타일이다. 항상 팽팽한 긴장 속에 있는 사람에게 긴장을 풀어주어 휴식할 수 있게 한다.

- **비치** Beech

타인의 단점을 잘 발견하고 그것을 참지 못하는 사람들을 위한 에센스이다. 타인을 잘 이해할 수 있게 되고, 인내하는 태도를 기르게 도와준다.

- **세라토** Cerato

일단 결정을 해놓고 바로 후회하는 사람들을 위한 에센스이다. 어떤 선택상황에서 이 사람 저 사람에게 물어보면서 결정하기 어려워하는 사람에게 자신의 직관에 대한 확신을 도와준다.

- **센터리** Centaury

다른 사람이 실망하는 것을 싫어해서 절대 "No"라고 대답하지 못하는 사람들을 위한 에센스이다. 친절하고 착하지만 이런 성향 때문에 과로하는 경향이 많으며, 약한 자신을 미워하기도 한다. 부드러움을 유지시키면서 단호할 때는 단호할 수 있게 도와준다.

- **스위트 체스넛** Sweet chestnut

  한 자락 빛도 없는 어둠 속에 있다고 느낄 때 쓴다. 여러 번 벗어나려고 노력했지만 현실이 너무 지독할 때 고통의 끝이 존재한다는 것을 믿게 도와준다.

- **스클레란더스** Scleranthus

  흔들리는 갈대처럼 어떤 선택에 있어 우유부단한 사람들을 위한 에센스이다. 기분도, 하고 싶은 것도 왔다갔다한다. 방금 전에 행복하다고 막 떠들어놓고 조금 있으면 슬프다고 한다. 물건을 고를 때는 수십 번 집었다 놨다 한다. 흔들리는 것을 잡아주는 성질 때문에 멀미에도 쓴다.

- **스타오브베들레헴** Star of Bethlehem

  대표적인 쇼크에센스이다. 사고, 끔찍한 소식, 사랑하는 사람과의 이별 등 엄청난 충격이 있을 때 쓴다. 감정을 배출하고 슬픔을 소화할 수 있도록 돕는다.

- **아그리모니** Agrimony

  주위 환경이나 의견에 매우 민감하고, 감정이 드러나는 것이 두려워서 겉으로 활달하게 보이는 사람들을 위한 에센스이다. 속마음을 억눌러서 스트레스가 점점 심해질 때 타인에게 표현하거나 상의하여 문제 해결을 도와준다.

- **아스펀** Aspen

이유 모르게 떨리고 두려움이 생길 때 쓰는 에센스이다. 설명할 수 없는 공포에 쓴다.

- **에름** Elm

일이나 책임감에 압도되어 더 이상 견딜 수 없다는 느낌을 받을 때 쓴다. 압박감을 큰 틀에서 바라보게 하여 자신감을 되찾게 도와준다.

- **오크** Oak

무리하게 신체적, 정신적으로 "무조건, 고!"를 외치는 사람들을 위한 에센스이다. 결국 다 소진되고 나서야 멈추고 그것 때문에 괴로워할 때 활력을 되찾도록 도와준다. 해야한다는 중압감에서 벗어나게 한다.

- **올리브** Olive

육체적으로 탈진한 경우, 시험공부 등으로 에너지가 고갈된 경우 쓴다. 일 자체가 힘들어서 떨어져나간 경우에 쓰는 에센스이다. 질병 후 회복기에 쓰기도 한다.

- **와일드 로즈** Wild Rose

열정도, 노력도 없는 인생을 사는 사람에게 어울린다. 이들은 사람이나 사건에 대해 무관심하고, 어려운 일을 만나면 쉽게 체념한다. 열정을 찾도록 돕는다.

- **와일드 오트** Wild Oat

  무엇이든 쉽게 싫증내고 새로운 것을 찾는 사람들을 위한 에센스이다. 이것저것 닥치는대로 경험해보지만, 결코 만족을 느끼지 못하는 사람에게 사명을 찾도록 돕는다.

- **워터 바이올렛** Water violet

  자기 확신이 강해 다른 사람과 잘 어울리지 않는 사람들을 위한 에센스이다. 도도한 이들은 좀처럼 다른 사람과 의논하지 않고 슬픔이나 고통도 조용히 혼자 다스린다. 자기와 코드가 맞는 사람과만 만나고, 접근하기 힘들다는 느낌을 준다. 이 에센스는 다른 사람과의 소통을 쉽게 한다.

- **월넛** Walnut

  이사, 이직, 결혼, 사춘기 등 인생의 주요 시기의 변화에 적응하기 힘들어할 때 쓴다. 아이들의 경우 동생이 태어나거나 어린이집, 유치원, 학교에 입학하는 등 환경의 급격한 변화에 유용하다.

- **윌로우** Willow

  남탓과 환경탓을 하는 사람들을 위한 에센스이다. 매사에 억울하고 고통스럽다고 생각하고 세상이 자기에게만 불공평하다고 생각하는 사람에게 낙관을 가르친다.

- **임페이션스** Impatiens

성급하여 쉽게 짜증내고 기다리는 것을 싫어하는 사람들을 위한 에센스이다. 이들은 자기뿐 아니라 다른 사람이 느린 것도 참지 못한다. 초조하고 급할 때 마음을 가라앉히는 데 유용하다.

- **젠션** Gentian

실패 후에 자기 능력을 의심하는 사람들을 위한 에센스이다. 긍정적으로 미래를 보게 하고, 용기를 갖게 한다.

- **체리 플럼** Cherry Plum

미칠 것 같고, 더 이상 마음을 어찌할 수 없어 폭발할 것 같을 때 쓰는 에센스이다. 자신이나 남을 통제할 수 없을 정도로 감정이 급변하거나 갑작스런 분노 등을 나타낼 때 쓴다.

- **체스넛 버드** Chestnut Bud

같은 실수를 반복하는 사람들을 위한 에센스이다. 마음만 앞서서 현실을 적절히 경험하지 못해 실수가 반복되는 사람에게 일어나는 일을 잘 관찰하게 해준다.

- **치코리** Chicory

지나치게 사람을 소유하려는 사람을 위한 에센스이다. 이 사람들은 자기 방법대로 사랑하고 그것을 받지 못하면 '아무도 내 희생을 알아주지 않는다'라는 식으로 생각한다. 장난감이나 부모, 친구를 독점하려는 아이에게도 유용하다.

- **크랩 애플** Crab apple

'더러운 것'에 대해 지나치게 민감한 사람들을 위한 에센스
이다. 이들은 정신적으로나 육체적으로 더럽다고 생각되는
것들에 대해 강박적으로 반응하며, 자기 이미지에도 불만족
스러운 경우가 많다. 중요한 것보다 사소한 것에 신경 쓰는
사람에게도 유용하다.

- **클레메티스** Clematis

꿈속에 사는 것 같은 사람들을 위한 에센스이다. 이들은 주
위에서 일어나는 일에 대해 무관심하고, 자기만의 세계에
있는 것처럼 보인다. 집중하지 못하는 경향이 있다. 현실적
인 생각을 하도록 돕는다.

- **파인** Pine

다른 이의 잘못까지도 자기 잘못으로 생각하여 정신적 스트
레스를 키우는 사람들을 위한 에센스이다. 자책감에 대해
합리적인 생각을 하도록 돕는다.

- **허니써클** Honeysuckle

'그때 그랬다면'이라는 생각으로 과거에 사는 사람들을 위한
에센스이다. 나쁜 일뿐 아니라 지나간 좋은 시절도 이들에
게는 현실을 도피하는 주요 주제가 된다. 경험을 유용한 삶

의 도구로 현실에서 활용할 수 있게 한다.

• **헤더** Heather

자기 일에만 관심이 있고 끊임없이 자기 말만을 들어달라고 하는 사람들에게 유용하다. 자신만의 관심사에서 벗어나 주위 사람에게 시선을 돌리게 도와준다.

• **혼빔** Hornbeam

월요병처럼 해야 할 일을 앞두고 정신적인 피로감이 먼저 오는 사람들을 위한 에센스이다. 이들은 할 일을 자꾸 미루고 의욕도 시들해지고 무기력해진다. 열정을 불러 일으켜 미루지 않고 일을 해내도록 도와준다.

• **홀리** Holly

질투, 부러움, 증오, 복수심에 빠져있는 사람들을 위한 에센스이다.

• **화이트 체스넛** White chestnut

어떤 생각이 끊임없이 떠올라 괴로울 때 쓴다. 머리에서 누군가 계속 떠들고 그것 때문에 다른 일에도 집중할 수 없을 때 안정을 준다.

자폐증 발달장애 치료의 작은 기적

감각을 깨우는 후각훈련

초 판 1쇄 발행 2016년 9월 30일

지은이 류 건
발행처 바람출판사 **출판등록** 2004년 7월 19일
발행인 류재천 **편집디자인** 류정미

주소 경기도 오산시 금암로 16번길 35
대표전화 0505-301-3133 **팩스** 0505-302-3133 **이메일** barambook@daum.net

값 11,000원 ISBN 978-89-92382-17-5 03370

*이 도서의 국립중앙도서관 출판시 도서목록(CIP)은 서지정보유통지원시스템 홈페이지(http://seoji.
nl.go.kr)와 국가자료 공동목록시스템(http://www.nl.go.kr/kolisnet)에서 이용하실 수 있습니다.
(CIP 제어번호: 2016022198)